# PROJEKT DEUTSCH

## LEHRBUCH

# 4

ALISTAIR BRIEN

SHARON BRIEN

SHIRLEY DOBSON

OXFORD UNIVERSITY PRESS
1993

Oxford University Press, Walton Street, Oxford OX2 6DP

Oxford   New York   Toronto
Delhi  Bombay  Calcutta  Madras  Karachi
Kuala Lumpur  Singapore  Hong Kong  Tokyo
Nairobi  Dar Es Salaam  Cape Town
Melbourne  Auckland  Madrid

and associate companies in
Berlin  Ibadan

*Oxford* is a trade mark of Oxford University Press

© Oxford University Press 1993

First published by Oxford University Press 1993

ISBN 0 19 912154 0

### Acknowledgements

The authors would like to thank the following people for their help and advice: Diane Collett; Elaine Pratt and the pupils of Keswick School; the staff and pupils of the Realschule, Königslutter.

The publishers would like to thank all those people who have reviewed and trialled the materials, with special thanks to David Fitzsimmons, John Grundy, Susan Hibberd, Richard Marsden, Judith Prassad, Corinna Schicker, Carole Shepherd, Margaret Tumber. Thanks also to all the pupils and teachers who trialled the materials in the following schools:
Alec Hunter School, Braintree; Gosford Hill School, Oxford; Hinchingbrooke School, Huntingdon; John Mason School, Abingdon; The Minster School, Southwell; St. Mary Redcliffe & Temple CE School, Bristol.

The publishers would like to thank the following for permission to reproduce photographs: The Environmental Picture Library, Philip Carr p.117 (top right), Nigel Dickinson p.117 (bottom right), Paul Glendell p.117 (bottom middle), Mike Jackson p.117 (middle right); Robert Harding Picture Library p.122 (top left); Rob Judges p.68 (bottom); Martin Dohrn/Reflections Photo library p.117 (centre middle); Science Photo Library p.117 (top middle); Mike Read/Swift Picture Library p.117 (bottom left); Bravo p.138.

Alistair Brien/Sharon Brien/Mike Dobson pp.6 (middle), 7 (top left), 16 (top, middle), 17 (middle left, bottom left), 20, 76/77 (all), 81 (all), 117 (top left), 121 (top middle, bottom middle).

All other photographs are by Gordon Hillis.

The illustrations are by Mark Dobson pp.9, 43 (bottom), 51, 62, 63, 122; Alison Everitt pp.73, 78 (bottom), 84, 94, 100, 101, 112, 113, 114, 132, 133; Antony Lee pp.36, 56, 61, 69, 78 (top), 118; Oxprint p.88; Nigel Paige pp.8 (top), 12, 18 (bottom), 19 (bottom), 22, 24, 25, 33, 39, 55 (top), 60, 70 (bottom), 74, 75, 79, 85, 91 (bottom), 106, 108, 109, 110, 111, 120, 123, 125, 139, 144, 145, 147; Alan Preston p.135;

Axel Scheffler pp.8 (bottom), 42, 43 (top), 48, 49, 50, 71, 119, 126; Judy Stevens pp.18 (top), 19 (top), 21, 23, 26, 155 (bottom), 57, 91 (top), 104; Adam Stower p.137; Russell Walker pp.29, 30, 31, 34, 35, 80; Angela Wood p.70 (top).

The handwriting is by Elitta Fell, Vesna Kölble, and Anissa Nasser.

The publishers would like to thank the following for permission to reproduce copyright material:
Abendzeitung München; Antje Kunstmann Verlag; 'Bayerische Schule'; Bayerischer Rundfunk; Bayerisches Kultusministerium; Beethoven Gymnasium, Bonn; Berliner Verkehrs-Betriebe; Bertelsmann Verlag; Berthold Gymnasium, Freiburg; BHW Bausparkasse; Bild Zeitung; Blick Zeitung, Zürich; Bottger GmbH; Bravo; Bravo Girl; Bulls Pressedienst; Bundesanstalt für Arbeit: 'Informationszeitung der Berufsberatung'; Bunte; Deutsche Bundespost: BTX; Deutsches Jugendherbergswerk, Landesverband, Berlin; Deutscher Taschenbuch Verlag; Freiburg Wirtschaft und Touristik GmbH; Freiburger Sportmagazin; 'Freie Stunden': eine Zeitschrift der deutschen Sparkassenorganisation; Freizeit & Kultur Verlag; Fremdenverkehrsbetriebe der Stadt Salzburg; Fremdenverkehrszentrale Zypern; Freundin; Gong; Informationszentrum Berlin; International Music Publications; Kaufhof Frankfurt; Kurierzeitung Wien; Lady Manhattan Cosmetics; Lintas: Hamburg Werbeagentur; Lufthansa; Mädchen; Manfred Pawlak Verlagsgesellschaft; McDonalds Switzerland; Menorca Tourist Information; News Burda Verlag; P & O European Ferries; Presseamt der Stadt Bonn; Reich Hinterzarten; Rowohlt Taschenbuch Verlag; Schweizerischer Bankverein: 'Magic Club News'; Super Zeitung, Berlin; Tjaerborg; Verkehrsbund Rhein-Sieg GmbH; Verkehrsgemeinschaft Freiburg; Verlag nord conzept 'Piste Nord'; Wiltmann GmbH.

A CIP catalogue record for this book is available from the British Library.

Printed and bound in Spain

# Inhalt

# Freizeit

**aus|geben** *unr. tr. V.* **a)** give out; serve *(food, drinks)*; **b)** *(verbrauchen)* spend *(money)* *(für* on)

**aus|leihen** *unr. tr. V. s.* **leihen** *unr. tr. V.* **a)** jmdm. etw. ~ : lend sb. sth.; **b)** *(entleihen)* borrow

**Mode** die; ~, ~n fashion; **Mode · farbe** die fashionable colour

**sparen 1.** *tr. V.* save; **2.** *itr. V.* **a)** save; **für** *od.* **auf etw.** *(Akk.)* ~ : save up for sth.; **b)** *(sparsam wirtschaften)* economize **(mit** on); **an etw.** *(Dat.)* ~ : be sparing with sth.; *(beim Einkauf)* economize on sth.; **Sparer** der; ~s, ~ : saver

**Treff** der; ~s, ~s *(ugs.)* rendezvous; *(Ort)* meeting-place; **treffen** *unr. refl. V.* **sich mit jmdm.** ~ : meet sb.

**verdienen 1.** *tr. V.* **a)** earn; **b)** *(wert sein)* deserve; **2.** *itr. V.* **beide Eheleute** ~ : husband and wife are both earning; **Verdiener** der; ~s, ~ : wage-earner; **Verdienst** der income; earnings *pl.*

**Vor · stellung** die **a)** *(Begriff)* idea; **b)** *o. Pl. (Phantasie)* imagination; **c)** *(Aufführung)* performance; *(im Kino)* showing

**Freizeitmöglichkeiten**

**In meiner Freizeit**
Hör zu.
Was machen diese Jugendlichen in ihrer Freizeit?

## MÄDCHEN-AKTION

KINO 5 · KINO 6 · KINO 7 · KINO 8 · KINO 9 · KINO 1 · KINO 2 · KINO 3 · KINO 4

ROCKETEER

UGENDLICHE BIS 14 JAHRE DM 6.-

**k**atja und Verena sind beide 17 Jahre alt und kommen aus Stuttgart, wo sie das Gymnasium besuchen. Wir zeigten ihnen in unserem Studio, daß sich Freundinnen ruhig ganz ähnlich stylen können...

# MAKE-UP:

## FLOWER-POWER JEANS

LUSTIG FÜR DEN SOMMER SIND SOLCHE MIT PERLEN BESTICKTEN JEANS. UNTEN: PEPPT DOCH MAL EURE TURNSCHUHE AUF – Z.B. MIT PERLEN IN BLÄTTERFORM. DU BRAUCHST NUR NADEL UND FADEN DAZU!

Die Brauen werden mit braunem Puder betont und mit einem Bürstchen in Form gebracht

Bei einem runden Gesicht wird das Rouge tiefer aufgetragen. Dazu ein natürlicher Braunton

Mit einer Rundbürste werden die Haare gefönt. Die glatten Haare bekommen Pep, indem Verena sie mit einer Samtschleife verziert

# Wir gehen aus

**1 Wo treffen wir uns?**
Hör gut zu. Was vereinbaren die zwei Teenager?

- Hallo! Hier Müller.
- Hallo Maria. Hier Andreas. Hast du Lust, mit mir diese Woche auszugehen?
- Vielleicht. Wann denn?
- Am Dienstag?
- Dann kann ich nicht – ich besuche meine Oma. Mittwoch wäre besser.
- Ja, gut. Was machen wir denn?
- Gehen wir in die Disko?
- Lieber nicht. Tanzen mag ich nicht so gern.
- Wie wäre es mit dem Kino?
- Was läuft denn?
- *Rambo 5.*
- Wann beginnt der Film?
- Die letzte Vorstellung beginnt um 20 Uhr.
- Wo treffen wir uns?
- Wie wäre es vor dem Kino?
- Um wieviel Uhr?
- Um Viertel vor acht?
- O.K. Bis dann. Tschüs!
- Tschüs!

**1  2 Wo treffen wir uns?**

**3 Wo treffen sie sich?**
Welches Bild paßt zu welchem Text?

a  an der Bushaltestelle
b  in der Bibliothek
c  auf der Brücke
d  hinter der Bank
e  vor dem Kino
f  im Park
g  unter der Brücke
h  am Bahnhof
i  neben dem Supermarkt

| Wo | trifft | man | sich? |
|---|---|---|---|
| | treffen | wir | uns? |
| | treffen | sie | sich? |

| Man | trifft | sich | vor dem Kino. |
|---|---|---|---|
| Wir | treffen | uns | an der Bushaltestelle. |
| Sie | treffen | sich | am Bahnhof. |

**4 Partnerarbeit**
Macht Dialoge.

*Beispiel:*

– Was machen wir denn?
– Gehen wir fischen?
– O.K. Wo treffen wir uns?
– Unter der Brücke.

**5 Rollenspiele**
Bildet einen Dialog.

**A** Spielen wir ...?

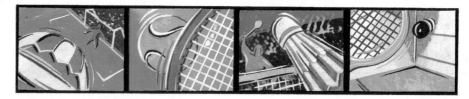

**B** Lieber nicht. ... habe ich nicht so gern.

**A** Hast du Lust,
in den/in die/ins
... zu gehen?

**B** Ja, gute Idee.
... mag ich gern.
Wann treffen wir
uns?

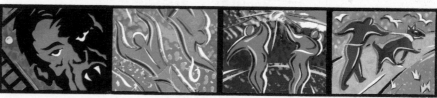

**A** Wie wäre es mit
...?

**B** Ja, gut. Wo treffen wir uns?

**A** ...

**B** Abgemacht. Bis dann. Tschüs!

# Kino und Video

**1** Lies das Programm.
Beantworte die Fragen.

Was für romantische Filme gibt es diese Woche?

Ist *Der mit dem Wolf tanzt* frei ab 16?

Wann beginnt die erste Vorstellung von *Rocketeer*?

Wo läuft der neue Depardieu Film?

Wo läuft *Homo Faber*?

Läuft *Akira* an einem Donnerstag?

Wann beginnt die letzte Vorstellung von *Geliebte Milena*?

Was für ein Film ist *Das Schweigen der Lämmer*?

Ist *Hudson Hawk* ein Thriller?

Was läuft im *Smoky 1*?

**FREIBURGER KINOPROGRAMM**
**VOM 22. BIS 28. AUGUST 1991**

**die Kurbel 1**
Sedanstraße 1, Tel: 3 63 32
12.30 16.00 20.00
DOLBY STEREO SR
Frei ab 12 J.   27. Woche!
Ausgezeichnet mit 7 Oscars

Ein Mann - Zwei Welten
Kevin Costner
**DER MIT DEM WOLF TANZT**

**die Kurbel 2**
Sedanstraße 1, Tel: 3 63 32
16.00 18.30
21.00 Uhr   23. Woche!
Frei ab 12 J.

SAM SHEPARD
**HOMO FABER**
Ein Volker Schlöndorff Film
Nach dem Roman von Max Frisch
EINE GROSSE LIEBE · EINE LANGE REISE

**die Kurbel 3**
Sedanstraße 1, Tel: 3 63 32
14.00 16.30
19.00 21.30 2. Woche!
Frei ab 12 J.

Robert De Niro
**SCHULDIG BEI VERDACHT**
Regie: Irwin Winkler

**die Kurbel 4**
Sedanstraße 1, Tel: 3 63 32
14.00 16.30
19.00 21.30
Frei ab 6 J.   *Neu!*

Zwei Menschen, die nichts voneinander wissen.
Außer, daß sie sich lieben.
**LEBEWOHL, FREMDE**
Ein Film von Tevfik Baser

**die Kurbel 5**
Sedanstraße 1, Tel: 3 63 32
14.30 17.00
19.30 21.45   4. Woche!
Frei ab 12 J.

**GELIEBTE MILENA**
Sie liebte das Leben und sie liebte die Liebe
Franz Kafka's Briefe machten sie berühmt

**KinderKino**
Sedanstraße 1, Tel: 3 63 32
DO. + FR.
SA. + SO.
MO. - MI.

Täglich 22.30
In der Kamera 1
**DER KOCH, DER DIEB, SEINE FRAU UND IHR LIEBHABER**
**EINE KOMÖDIE IM MAI**
**AKIRA**

**die Kamera 1**
Sedanstraße 1, Tel: 3 63 32
14.00 16.30
19.00 21.30   20. Woche!
Frei ab 16 J.
DOLBY STEREO

JODIE ANTHONY SCOTT
FOSTER HOPKINS GLENN
**DAS SCHWEIGEN DER LÄMMER**
Der aufregenste Thriller seit Jahren

**die Kamera 2**
Sedanstraße 1, Tel: 3 63 32
**BACKDRAFT**

**Friedrichsbau**
Kaiser-Joseph-Str. 270, Tel: 3 60 31
14.00 16.30
19.00 21.30   2. Woche!
Frei ab 12 J.
DOLBY STEREO

Der Senkrechtstarter des Jahres - jetzt im Kinohimmel.
**ROCKETEER**
Die Abenteuer-Reise in die Welt der Grenzenlosigkeit.

**Apollo 1**
Kaiser-Joseph-Str. 270, Tel: 3 60 31
14.30 16.30
18.30 20.30   2. Woche!
Frei ab 6 J.

Zärtlich, schön, romantisch!
**RÜCKKEHR ZUR BLAUEN LAGUNE**
Die Geschichte einer wunderbaren Liebe geht weiter...

**Apollo 2**
Kaiser-Joseph-Str. 270, Tel: 3 60 31
15.00 17.45 19.30
Frei ab 12 Jahren

Kim Basinger  Alec Baldwin
**DIE BLONDE VERSUCHUNG**

Täglich nur
18.30 21.15
Gerard Depardieu
**CYRANO - VON BERGERAC**

**Kandelhof**
Kandelstraße 27, Tel: 3 60 31
Täglich nur   1. Woche!
20.00 Uhr
Frei ab 12 Jahren

Isabelle Adjani Gerard Depardieu
**CAMILLE CLAUDEL**
Eine große romantische Seele - eine glühende Kämpferin
Ausgezeichnet mit 5 CESARS

**Smoky 1**
im Schwarzwald-City, Tel: 3 91 11
14.00 16.15
18.45 21.15   *Neu!*
Frei ab 12 J.

Jackie Chan
Die fantastische Jagt durch drei Kontinente
**MISSION ADLER**

**Smoky 2**
im Schwarzwald-City, Tel: 3 91 11
14.15 16.30
18.45 21.00   5. Woche!
Frei ab 12 J.

Der starke Arm der Götter
Bruce Willis - Andie MacDowell
**HUDSON HAWK**
Der Meisterdieb
Die verrückteste Komödie des Jahres

**City 1**
im Schwarzwald-City, Tel: 3 91 11

Stephen King
**MANCHMAL KOMMEN SIE**

**2**  **Was läuft im Kino diese Woche?**

2A

## 3 Kino oder Video?
Lies den Dialog.

> Gehst du oft ins Kino?

> Vielleicht zwei- oder dreimal pro Monat.

> Was kostet der Eintritt für das Kino?

> 10 Mark oder so.

> Was kostet ein Video?

> Normalerweise 5 Mark.
> Für einen neueren Film ist es teurer.

> Leihst du dir oft ein Video aus?

> Ja. Einmal pro Woche.

Was sind *deine* Antworten auf die Fragen?

## 4 Was für ein Film ist das?

... ist ein Trickfilm.

... ist ein Krimi.

... ist ein Gruselfilm.

... ist eine Komödie.

## 5 Was für Filme siehst du gern?

| | |
|---|---|
| Ich sehe gern | Krimis.<br>Trickfilme.<br>Komödien.<br>Gruselfilme.<br>Abenteuerfilme. |

 ## 6 Was ist besser? Das Kino oder Videofilme?
Hör zu. Was meinen diese Leute?

2B ## 7 Kino oder Video? Vor- und Nachteile

## 8 Miniprojekte
● Mach eine Umfrage in der Klasse. Erfinde Fragen.
● Mach ein Kinoprogramm für das Kino in deiner Stadt.

# Mode

**1 Was soll ich denn tragen?**
Lies die Bildgeschichte.

**2** **Kleidung**
**3**

**4A** **3** Was trägst du gern?

**4** **Wie sieht Karen aus?**
**4A**

**4B** **5** **Miniprojekt**
**Wie siehst du aus?**

**6** **Wie findest du die neue Mode?**
Sieh dir die Bilder an.
Wie findest du die Mode?

Die Bluse ist doch zu bunt!

Der Rock ist zu eng!

Die Frisur finde ich toll!

Die Ohrringe sind zu groß!

Mir gefällt die Lederjacke.

# Taschengeld

**1** **Woher kriegst du dein Taschengeld?**
Hör zu.

1 Dreimal in der Woche trage ich Zeitungen aus. Das ist eine Lokalzeitung für unsere Stadt. Ich fange nach der Schule an, und ich brauche ungefähr eine Stunde dafür...Die Bezahlung ist nicht so gut, aber hier in der Gegend ist es ganz schwierig für Jugendliche, einen Job zu finden. Ich spare das ganze Geld für einen Computer.

2 Seit sechs Monaten arbeite ich in einem Café. Ich arbeite als Kellnerin und muß auch in der Küche aushelfen, zum Beispiel beim Abwaschen, Essen– und Getränkevorbereiten...Ich finde die Arbeit totlangweilig, und sie ist auch schlecht bezahlt, aber die Leute, die dort arbeiten, sind sehr nett und freundlich. Ich weiß nicht, was ich mit meinem Geld mache – ich muß sowieso oft 'was von meinen Eltern borgen!

3 Ich habe keinen Job. Meine Eltern sind dagegen, und ich habe eigentlich keine große Lust, Arbeit zu finden...Ich habe sowieso genug zu tun – ich spiele jeden Samstag für eine Fußballmannschaft, und wir haben immer soviele Hausaufgaben. Ich bekomme Taschengeld von meinen Eltern, und ich muß dafür im Haus helfen. Ich helfe in der Küche, ich wasche das Auto und mähe den Rasen. Ich gebe mein Geld für Fußballspiele, Getränke, Eintrittskarten für das Kino und so weiter aus.

**2** Was fehlt hier?

1 Hier in der _____ ist es ganz _____ für Jugendliche, einen _____ zu _____.
2 Ich _____ das ganze _____ für einen _____.
3 Wir haben _____ so viele _____.
4 Ich _____ die Arbeit _____.
5 Ich habe eigentlich keine _____ _____, Arbeit zu _____.
6 Ich _____ ungefähr eine _____ dafür.
7 Die Leute, die dort _____, sind sehr _____ und _____.
8 Ich bekomme _____ von meinen _____.

 **3** Wieviel Taschengeld bekommst du? Hast du einen Nebenjob? Wofür gibst du dein Geld aus? Frag einen Partner/eine Partnerin.

## 4 Sprich dich aus!
Lies diesen Brief und Tante Emilias Antwort.

Liebe Tante Emilia!
Ich bin 15 und habe immer Streit mit meinen Eltern um Geld. Ich habe keinen Samstagsjob. Meine Eltern erlauben das nicht. Ich muß meine Hausaufgaben machen und zu Hause helfen.
Ich bekomme 10 Mark Taschengeld pro Woche, aber das reicht gar nicht. Ich brauche es für Getränke und Schokolade und kaufe jede Woche eine Computerzeitschrift. Ich spare auch für ein Mountain Bike. Ich möchte auch meine eigene Kleidung kaufen, aber ich muß immer meine Mutter mitnehmen. Bin ich normal? Haben andere Jungen und Mädchen das gleiche Problem?

Dein

Matthias Pohl

■ Kannst Du Matthias helfen? Ist er der einzige, der Streit mit seinen Eltern über Geld hat? Schreib mir und erzähl mir, wie Du mit Deinem Geld auskommst. Verdienst Du Dein Geld, oder bekommst Du Taschengeld? Was machst Du mit Deinem Geld – was kaufst Du, und wofür sparst Du? Mußt Du zu Hause helfen? Kaufst Du Deine eigenen Kleider, oder kommen Deine Eltern mit? Schreibe bald!

Deine Tante Emilia

## 5 Miniprojekt
Schreib einen Brief an Tante Emilia.

| Ich bekomme Ich verdiene | jede Woche jeden Monat | 15 Mark Taschengeld. 30 Pfund. |
|---|---|---|

| Ich arbeite | in | einem Laden/einem Restaurant/einem Hotel. |
|---|---|---|
| | als | Zeitungsausträger(in)/Kellner(in). |

| Ich gebe mein Geld für | Schokolade/Comics/Getränke/Make-up/ Kleidung/Videos/Zeitschriften | aus. |
|---|---|---|

| Ich spare für | die Ferien/ein Motorrad/Fahrstunden/einen Computer. |
|---|---|

## Checkliste

● Ich kann ein Treffen mit meinen Freunden arrangieren.
● Ich kann Informationen über Filme geben.
● Ich kann 3 Vor- und 3 Nachteile von Video- und Kinofilmen nennen.
● Ich kann Meinungen über Mode abgeben.
● Ich habe ein Rollenspiel zum Thema ‚Streit mit Eltern' auf Kassette gesprochen.
● Ich kann sagen, wie ich mein Geld verdiene und ausgebe.

# Sport und Gesundheit

**essen** *unr. tr., itr. V.* eat; **etw. gern ~ :** like sth.; **sich satt ~ :** eat one's fill; **gut ~ :** have a good meal; *(immer)* eat well; **~gehen** go out for a meal; **Essen das;** **~s, ~** *(Mahlzeit)* meal; *(Speise)* food; **(das) ~ machen/kochen** get/cook the meal

**faul** *Adj.* **a)** *(verdorben)* rotten; bad *(food, tooth)*; foul *(water, air)*; **b)** *(träge)* lazy

**gesund;** **gesünder,** *seltener:* **~er,** **gesündest...,** *seltener:* **~est...** *Adj.* healthy; **wieder ~ werden** get better; **bleib ~!** look after yourself!; **Gesundheit die; ~ :** health; **~!** *(ugs.)* bless you!; **gesundheitlich 1.** *Adj.; nicht präd.* **~e Betreuung** health care; **sein ~er Zustand** [the state of] his health; **2.** *adv.* **wie geht es Ihnen ~?** how are you?

**ordentlich 1.** *Adj.* **a)** [neat and] tidy; neat *(handwriting, clothes);* **b)** *(anständig)* respectable; proper *(manners)*

**Sport der;** **~[e]s a)** sport; *(als Unterrichtsfach)* sport; PE; **~ treiben** do sport; **b)** *(Hobby, Zeitvertreib)* hobby; pastime
**Sport-:** **~fest das** sports festival; *(einer Schule)* sports day; **~kleidung die** sportswear; **~platz der** sports field; *(einer Schule)* playing field/fields *pl.;* **~schuh der** sports shoe; **~stadion das** (sports) stadium; **~verein der** sports club

**Vegetarier der;** **~s, ~ :** vegetarian; **vegetarisch 1.** *Adj.* vegetarian; **2.** *adv.* **er ißt** *od.* **lebt ~ :** he is a vegetarian

Jahre Karatesport in Freiburg
Lernen Sie **DIREKT BEIM**

# BEGRÜNDER

**DES KARATE-SPORTS
IN FREIBURG UND
SÜDDEUTSCHLAND**

## In Freiburg ist täglich Badetag.
## Die Freibadesaison
## hat begonnen !

Lorettobad*

**Mit dem Diäko-Schlemmer-Programm:**

# Abnehmen!
# Jeden Tag bis zu 1 Pfund

*Hier gelten bei schlechtem Wet
eingeschränkte Öffnungszeite

1.7. bis 25.8.91
9.00 Uhr

**tauc**
freiburg

## TAUCHEN — Ein Traum
## und Alt. Einfach mal re

- Alles für den Tauchsport
- Werkstatt und Füllstation
- UW Foto & Filmtechnik
- Tauchschule
- Tauchreisen in alle Welt

**DROGE
NEIN
DANKE**

*SCHWIMM
DICH FIT !*

## Willst Du fit sein,
## kauf bei
## MÖHRLE
## ein!

MÖHRLE

**Raucher-Telefon: 01/383 20 70**

McDonald's

Restaurant McDonald's

## Fit durch gesunde Ernährung

en».
tei-

# FITNESS-STUDIO
# CALIFORNIA

- Fitness-Training
- Body-Building
- Reha-Training
- Herz-Kreislauf-
  Ausdauertraining
- Sauna

- Solarium
- Fitness-Bar
- Aerobic-Gymnastik
- Haltungs- und
  Bewegungsschulung
  (mit Krankengymnastin)

Fachliche Anleitung und Betreuung durch geschulte Trainer.
Sondertarife für Schüler und Studenten.

# Gesund bleiben

 **1 Was ißt du gern?** Hör gut zu. Was ißt jeder? Ist das gesund oder ungesund?

**2 1500 Kalorien-Diät** Was ist hier gesund? Was ist hier ungesund?

| Gemüse (Portion) | Kalorien | Milchprodukte | Kalorien | Sonstiges | Kalorien |
|---|---|---|---|---|---|
| Kopfsalat | 10 | Portion Butter | 37 | Löffel Marmelade | 25 |
| Blumenkohl | 17 | 25g Käse | 75 | Apfel | 35 |
| Tomate | 18 | gekochtes Ei | 80 | Scheibe Weißbrot | 60 |
| Karotten | 20 | Spiegelei | 136 | Banane | 65 |
| Erbsen | 40 | Eis | 200 | Portion Cornflakes | 92 |
| Salzkartoffeln | 140 | | | Schokoladenkeks | 120 |
| Pommes frites | 260 | **Getränke** | | Packung Chips | 150 |
| | | | | Tafel Schokolade | 200 |
| **Fleisch und Fisch** | | Tasse Tee (Schwarz) | 1 | Stück Erdbeertorte | 300 |
| | | Tasse Kaffee (Schwarz) | 3 | | |
| 100g Fisch | 75 | Tasse Tee mit Milch | 23 | | |
| Steak | 168 | Kaffee mit Milch | 25 | | |
| 50g Salami | 250 | Löffel Zucker | 25 | | |
| Hamburger | 260 | Glas Saft | 33 | | |
| Schnitzel | 260 | Glas Wein | 68 | | |
| Thunfisch in Öl | 300 | Glas Bier | 80 | | |
| Schweinefleisch | 380 | Glas Milch | 180 | | |

 **3 Was ist hier richtig?** Hör gut zu.

 **4 Herr Großbauchs Diätplan** Hier ist Herr Großbauchs Diätplan. Was hat er gestern gegessen? Wieviel Kalorien hat das?

**Frühstück:**
Tasse Kaffee mit Milch und Zucker
Cornflakes
1 Scheibe Toast mit Butter
1 Spiegelei

**Zweites Frühstück:** Apfel

**Mittagessen:**
Schnitzel
Salzkartoffeln
Erbsen
Glas Bier

**Nachmittag:**
Tafel Schokolade

**Abendessen:**
100g Salami
200g Käse
Brot und Butter
2 Tassen Tee (Schwarz) mit Zucker

**1A 5 Was hast du gestern gegessen und getrunken?**

**6 Miniprojekte**
● Mach einen Diätplan mit weniger als 1500 Kalorien, oder
● Mach eine Dickplan-Diät – so kalorienreich wie möglich!

| Heute | habe ich | Salat<br>Käse<br>eine Tafel Schokolade | gegessen. |
|---|---|---|---|
| Gestern | hat er | eine Tasse Kaffee<br>zwei Tassen Tee<br>ein Glas Wein | getrunken. |

**7 Aktivitäten/Kalorien**
Welche Sportart paßt
zu welchem Bild?

| Bergsteigen | 300 |
|---|---|
| Squash | 666 |
| Kochen | 100 |
| Tanzen | 250 |
| Schlafen | 65 |
| Windsurfen | 666 |
| Fußball | 400 |
| Tennis | 300 |
| Schreiben | 100 |
| Schlittschuhlaufen | 300 |
| Joggen | 300 |
| Autofahren | 100 |

**8** Beim Schlafen
verbraucht man
65 Kalorien pro
Stunde.
Wieviel Kalorien
verbraucht man
beim Autofahren?

| Er | läuft | Schlittschuh. |
|---|---|---|
| | steigt | Berg. |

| Beim Schlafen Beim Tennisspielen | verbraucht | man er | 65 Kalorien. 300 Kalorien. |
|---|---|---|---|

**1B 9 Herr Großbauch trainiert!** Was macht er? Wieviel Kalorien verbraucht er?
*Beispiel:* Er läuft Schlittschuh.
Beim Schlittschuhlaufen verbraucht er 300 Kalorien.

**10 Miniprojekt**
Wie kann man
fit und schlank
bleiben?
Mach ein
Flugblatt oder
ein Poster.

# Wie ist das mit dem Fast Food?

**1** Fast Food: Für oder gegen?
Hör gut zu. Sind diese Leute für oder gegen Fast Food?

**2** Hier sind ihre Meinungen.
Ordne diese Meinungen richtig ein.

> Ich kann mich mit meinen Freunden dort treffen.

> Es ist relativ billig.

> Ich bin Vegetarier.

> Die Speisekarte ist nicht sehr interessant.

> Sie haben lange Öffnungszeiten.

> Es gibt oft eine lange Schlange.

> Sie sind überall gleich...sogar in Moskau!

> Die Bedienung ist schnell.

> Wenn man in Deutschland ist, sollte man deutsch essen!

> Kein Geschirr oder Besteck – man muß mit den Fingern essen!

> Die Auswahl ist nicht sehr groß.

> Die ganze Familie kann dort essen.

> Die Qualität des Essens ist manchmal schlecht.

> Fast Food Restaurants sind nicht umweltfreundlich.

**3** Schreib fünf Gründe für und fünf Gründe gegen Fast Food.

*Beispiel:*

| für | gegen |
|---|---|
| Es ist relativ billig. | Es gibt oft eine lange Schlange. |

2A **4** Fast Food – Klassenumfrage

| Ich finde Fast Food Restaurants | gut, | weil die Bedienung schnell ist. |
|---|---|---|
| | schlecht, | weil ich Vegetarier bin. |

## 5 Mein Traumburger!

Was sind die 14 Zutaten in diesem Burger?

Was sind die Zutaten in deinem Traumburger?

## 6 Im Restaurant

Wir sind in einem Fast Food Restaurant. Hör gut zu.
Was haben die Kunden bestellt?
Was kostet das?

**DM11,30**

**DM90,-**

**DM4,20**

**DM6,50**

DM8

a
b
c
d

*Beispiel:*

– Bitte schön?
– Einen Hamburger mit Käse und eine große Portion Pommes frites, bitte.
– Sonst noch etwas?
– Ja, eine Cola, bitte.
– Das macht acht Mark, bitte.
– Danke. Auf Wiedersehen!

| | | |
|---|---|---|
| Ich möchte Ich hätte gern | einen Hamburger eine Cola/Apfeltasche einen Milchshake drei Portionen Pommes frites | bitte. |

**2B**

## 7 Partnerarbeit
Was kostet das?

# Das tut weh!

## 1 Hänsi der Bodybuilder
**3A** Wie heißen die Körperteile?

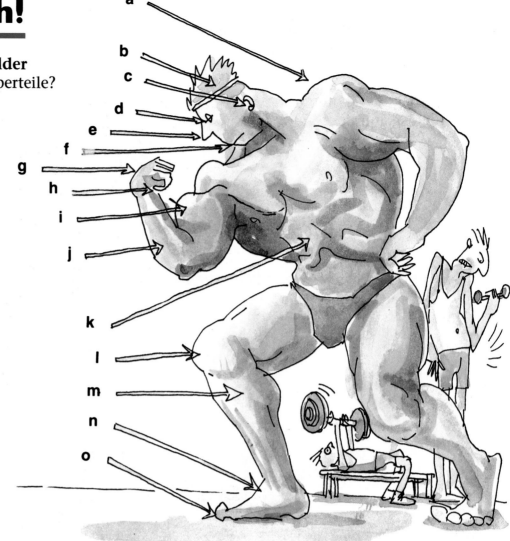

der Arm
der Bauch
der Finger
der Fuß
der Kopf
der Mund
der Muskel
der große Zeh
die Hand
die Nase
die Schulter
das Auge
das Bein
das Knie
das Ohr

## 2 Was sagt Hänsi?
Hör gut zu. Welches Bild ist das?

**3B** 3 Hänsi geht zum Arzt

 4 **Partnerarbeit**
Was fehlt dir?
Sag es deinem Partner/deiner Partnerin.

> Mein Bein tut weh.
> Mein Bein tut mir weh.
> Ich habe mir das Bein verletzt.
> Ich habe mir das Bein gebrochen.
> Mein Hals tut weh.
> Ich habe Halsschmerzen.

**5** Welche Sportarten erkennst du hier?
Was paßt zusammen?
  *Beispiel:* a–8

Ausrüstung

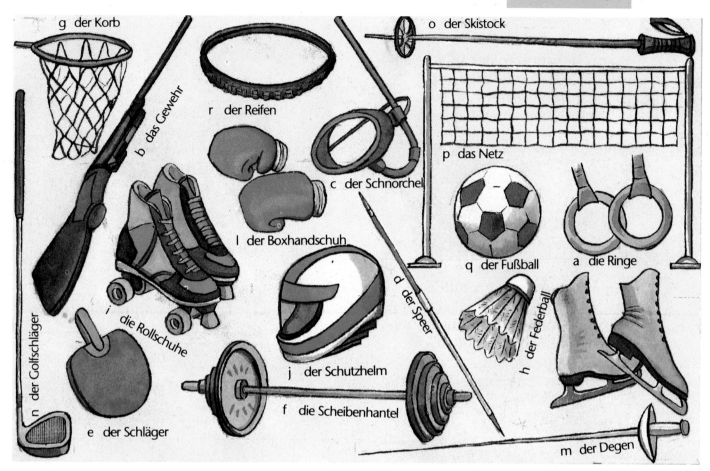

g der Korb
o der Skistock
r der Reifen
b das Gewehr
c der Schnorchel
p das Netz
l der Boxhandschuh
q der Fußball
a die Ringe
i die Rollschuhe
d der Speer
h der Federball
n der Golfschläger
j der Schutzhelm
f die Scheibenhantel
e der Schläger
m der Degen

**6** Kannst du hier den Kode entziffern?
Wie heißen die Sportarten richtig?

  *Beispiel:* H P M G = GOLF

```
C P Y F O

T D I X J N N F O

W P M M F Z C B M M

C B E N J O U P O

T L J G B I S F O

U V S O F O
```

**Sport**

| | | | |
|---|---|---|---|
| 1 | Leichtathletik | 10 | Schießen |
| 2 | Badminton | 11 | Schlittschuhlaufen |
| 3 | Basketball | 12 | Rollschuhlaufen |
| 4 | Boxen | 13 | Schwimmen |
| 5 | Radfahren | 14 | Tischtennis |
| 6 | Fechten | 15 | Skifahren |
| 7 | Golf | 16 | Gewicht heben |
| 8 | Turnen | 17 | Fußball |
| 9 | Autorennen | 18 | Volleyball |

**7** **Treibst du Sport?**
Hör gut zu. Welche Sportart treibt jeder?

**8** Welche Sportart treibst du gern?

**9** **Miniprojekt**
Mach ein Flugblatt für einen Sportklub.

# Wie faul bist du?

**1** Hör gut zu.

**1** Wann stehst du in der Woche auf?
a) Ich stehe vor 7 Uhr auf.
b) Ich stehe gegen 7.30 Uhr auf.
c) Ich stehe nach 8 Uhr auf.

**2** Wie kommst du zur Schule?
a) Ich fahre mit dem Bus oder mit dem Auto oder mit dem Zug.
b) Ich fahre mit dem Rad.
c) Ich gehe zu Fuß.

**3** Schläfst du in der Klasse ein?
a) Manchmal.
b) Oft.
c) Nie.

**4** Was ist dein Lieblingsfach?
a) Sport.
b) Ein anderes Fach.
c) Ich habe kein Lieblingsfach.

**5** Spielst du für eine Sportmannschaft?
a) Ja, jede Woche.
b) Nur im Winter oder im Sommer.
c) Nein danke!

**6** Wie lange brauchst du pro Tag für deine Hausaufgaben?
a) 10 Minuten.
b) Bis 3 Stunden.
c) 1 Stunde.

**7** Hilfst du in der Küche?
  a) Nur wenn meine Eltern böse auf mich sind.
  b) Ja, natürlich.
  c) Wo ist die Küche, bitte?

**8** Wieviel Stunden siehst du fern?
  a) Nicht viel – weniger als 5 Stunden pro Woche.
  b) 2 – 3 Stunden pro Tag.
  c) Mehr als 4 Stunden pro Tag.

**9** Wo ißt du normalerweise?
  a) Vor dem Fernseher.
  b) In der Küche oder im Eßzimmer.
  c) Im Restaurant.

**10** Wann gehst du ins Bett?
  a) Vor 22 Uhr.
  b) Ich schlafe auf dem Sofa.
  c) Nach 22 Uhr.

**2** Wer ist am faulsten in der Klasse?

---

**Wie war es?**

| 1 | a=1 | b=2 | c=3 | 6 | a=3 | b=1 | c=2 |
| 2 | a=3 | b=2 | c=1 | 7 | a=2 | b=1 | c=3 |
| 3 | a=2 | b=3 | c=1 | 8 | a=1 | b=2 | c=3 |
| 4 | a=1 | b=2 | c=3 | 9 | a=2 | b=1 | c=3 |
| 5 | a=1 | b=2 | c=3 | 10 | a=1 | b=3 | c=2 |

**25 – 30 Punkte:** Mensch! Du bist ein Faulpelz!
**15 – 24 Punkte:** Du faulenzt ganz gern!
**10 – 14 Punkte:** Du bist (fast) perfekt!

| | stehe | um 7 Uhr | auf. |
|---|---|---|---|
| Ich | sehe | 10 Stunden pro Woche | fern. |
| | schlafe | manchmal in der Klasse | ein. |

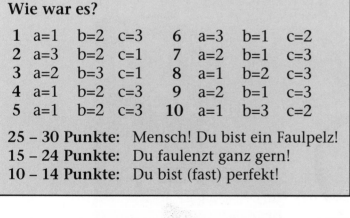

**4B** **3** Mein Tagesablauf

# Lebensstile

**1** Martin und Bernd sind zwei Studenten.
Hör gut zu. Ihre Mütter beschreiben ihre Zimmer.

Martins Zimmer

Bernds Zimmer

**2** Hör noch einmal zu.
Welche Wörter fehlen?

**Martins Mutter sagt …**

Ich war _____ bei Martin an der
Uni. Sein _____ ist ganz schön
_____ . Er ißt auch _____ .
Er _____ noch _____ .
Er _____ sich eine kleine _____
_____ .

**Bernds Mutter sagt …**

Ich war am _____ bei meinem
_____ Bernd. Sein Zimmer ist so
unordentlich – überall schmutzige
_____ … Er hat kein _____ ,
kann es sich auch nicht _____ ,
sein _____ reparieren zu lassen.
Und … er _____ eine _____
im Zimmer!

| … ist | gesünder als | … |
|-------|--------------|---|
| … ist | ordentlicher als | … |

**3** **Richtig oder falsch?**

1 Martin spielt Tennis.
2 Bernd hört gern Rockmusik.
3 Martin fährt einen Mercedes.
4 Bernd ist Nichtraucher.
5 Martin hat einen Hund.
6 Bernd ißt gern Spaghetti.
7 Martin fährt gern Rad.
8 Martin lebt gesünder als Bernd.
9 Martin und Bernd spielen ein Instrument.
10 Bernd ist ordentlicher als Martin.

**4** **Miniprojekt**
Eine Detektivin besucht dein
Schlafzimmer.
Was kann sie über dich sagen?
Schreib ihren Polizeibericht.

## Checkliste

**Ich kann…**

- 5/10/15/20 Nahrungsmittel nennen.
- einen Diätplan schreiben.
- 5/10/15/20 Sportarten und Interessen nennen.
- 5 Gründe für oder gegen Fast Food Restaurants geben.
- ein Essen in einem Fast Food Restaurant bestellen.
- 5/10/15 Körperteile nennen.
- beschreiben, wo es mir weh tut.
- meinen Tagesablauf beschreiben.
- meinen Lebensstil beschreiben.

# Wohnsiedlung

**Bewohner** der; ~s, ~, **Bewohnerin** die; ~, **-nen** *(eines Hauses, einer Wohnung)* occupant; *(einer Stadt, eines Gebietes)* inhabitant

**ein|ziehen** *unr. itr. V.; mit sein* **a)** *(liquid)* soak in; **b)** *(einkehren)* enter; **c)** *(in eine Wohnung)* move in

**Gesuch** das; ~[e]s, ~e request (**um** for); *(Antrag)* application (**um** for); **gesucht** *Adj.* (much) sought-after

**Miete** die; ~, ~n rent; *(für ein Auto, Boot)* hire charge; **zur ~ wohnen** live in rented accommodation; **mieten** *tr. V.* rent; *(für kürzere Zeit)* hire

**Möbel** das; ~s, ~ **a)** *Pl.* furniture *sing.*, *no indef. art.;* **b)** piece of furniture; **möblieren** *tr. V.* furnish

**Verkauf** der sale; **verkaufen** *tr. V. (auch fig.)* sell (*Dat.,* **an** + *Akk.* to); „**zu ~**" 'for sale'

Möbelhaus Kürten <u>nur</u> in Düsseldorf-Ellei. Hier stimmt das Angebot, die Beratung, der Preis Da ist gut einrichten.

Jugendlich frech bei Susi und Peter...

zeitlos elegant bei Mutti und Vati...

gemütlich rustikal bei Omi und Opi...

praktisch und schön im Wirtschaftsbereich...

oder... wie hätte

Die Entscheidung wird Ihnen nicht schwer fallen. In unserem großen Möbelhaus finden Sie alles, Außerdem: Unsere Fachberater auch schwierige

Flötotto. Freiräume für Persönlichkeit.

### Mietgesuche Häuser

**Familie mit** 3 Kindern (8,6,2), sucht Haus od. Wohnung (4½-5Zl.), mögl. mit Garten in Bad Homburg zum vernünftigen Mietpreis. ☎ 06172/82759.

**LH-Angestellter,** sucht 2 Zi.-Whg. Küche, Bad im Raum Walldorf, Mörfelden. ☎ 07961/4710 (abends).

**Dringend!** Sympath. Ehepaar, 1 Kind sucht 2½-3ZW, Raum Ffm. u. Umgebung zum baldmöglichen Termin. ☎ 069/5075777.

**Junge Dame** sucht 1-2ZW m. Dusche in Sprendl. od. Neu-Isenburg. 6 Monatsmieten im voraus. Ab sofort! ☎ 069/815215 ab 10 Uhr od. ☎ 069/884814 v. 19-22 Uhr.

**Wer vermietet an mich,** männl. Student 30 J., kl. Whg. bis 550,– DM im Raum Ffm, auch WG. mögl. ☎ 06173/66682.

### Vermietung Wohnungen

**Oberursel,** 2 Zi., Kü., Bad, Balk qm, TG-Platz, ruh. Lage, ca. 15 DM inkl. EBK, Abst. 6500,– DM, klergeb. ☎ 06172/35380 ab 18 U

**1 Zi.-Whg., Hausen,** Ludwig-La mannstr., 6.Stck., Aufzug, Thermof ster, Zentr.-Heizg., Kü., Bad, zu vermiete Monatl. 800,– DM. ☎ 069/525664.

**Möbl. Zimmer** in Kelsterbach zu mieten. ☎ 06107/8860.

**3-Zimmer-Maisonette-Whg.,** Neubau, Erstbezug, 82m², Balkon, ab 1.12. in Rodheim. ☎ 06007/7470.

**Maklerfrei!** Traumwohnung - 90 q (1 Zi.) einger. Küche, Bad, mit Whir 25 qm Terr. in Walldorf ab 15.10.90 DM 1200,– + NK + Kaut. Evtl. Gara ge. ✉ unter 276879 an Stadtanzeiger Ludwigstr. 19a, 6082 Mörfelden-Wall dorf.

ZU verkaufen

## 1 Eine neue Wohnsiedlung

Hier ist eine neue Wohnsiedlung ...     ... und hier ist ein Wohnblock.

**R** Lassen Sie Ihre Phantasie spielen!

Wo liegt sie?
In welchem Land?
In welcher Stadt?
Im Vorort oder in der Stadtmitte?
Wie ist die Adresse?

# Wer zieht hier ein?

**2** Ein Interviewer macht Market-Research über Waschpulvermarken.
Hör gut zu. Wie sind die Fragen?

| | |
|---|---|
| **Name:** | Garken |
| **Vorname:** | Birgit |
| **Geburtsort:** | Kiel |
| **Geburtsdatum:** | 8.2.1960 |
| **Alter:** | 32 |
| **Familienstand:** | ledig |
| **Beruf:** | Zahnärztin |
| **Haustier(e):** | Katze 1, Tarantel 1 |
| **Fahrzeug:** | Porsche |
| **Telefonnummer:** | 27 08 71 |

**3** Der Vermieter macht eine Liste von den neuen Mietern.

[R] Üben Sie also die Fragen mit anderen Mietern, und tragen
Sie für ihn die Informationen in eine Tabelle ein.

**4** **Wer sagt was?**
Hör gut zu. Welcher Dialog paßt zu welchem Bild?

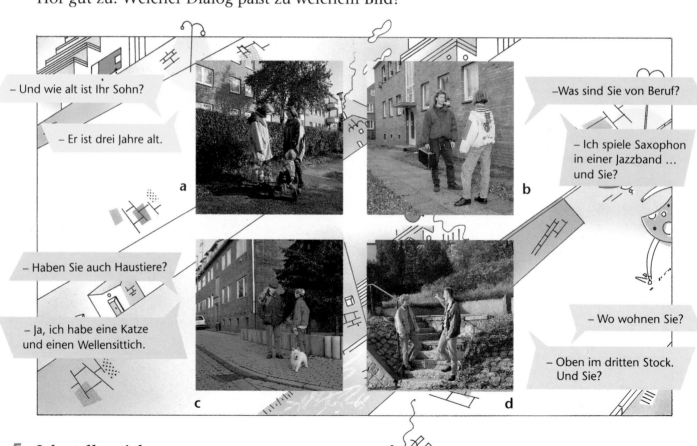

– Und wie alt ist Ihr Sohn?

– Er ist drei Jahre alt.

–Was sind Sie von Beruf?

– Ich spiele Saxophon
in einer Jazzband ...
und Sie?

a

b

– Haben Sie auch Haustiere?

– Ja, ich habe eine Katze
und einen Wellensittich.

– Wo wohnen Sie?

– Oben im dritten Stock.
Und Sie?

c

d

**5** Ich stelle mich vor

[1B]

**6  Im Wohnblock zu mieten**
Diese Wohnungen und Studios sind frei.
Welche(s) möchten Sie mieten?

**Nummern 1 – 4**
4 kleine Studios

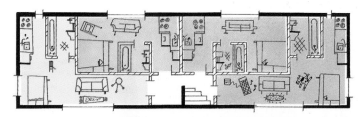

im dritten Stock

**Nummern 5 & 6**
2 x 2-Z-Whg. mit
Küche und Bad
1 mit Balkon

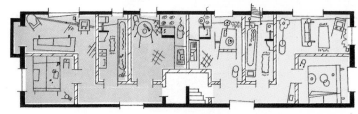

im zweiten Stock

**Nummern 7 – 9**
3 x 2-Z-Whg. mit
Küche, Dusche und Bad
1 mit Balkon

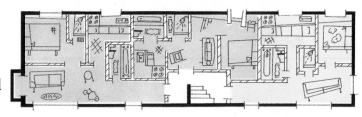

im ersten Stock

**Nummern 10 & 11**
2 große Studios
mit Bad und Garten

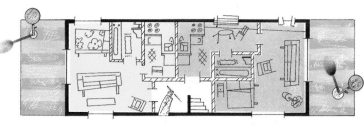

im Erdgeschoß

Tiefgarage mit 16
Parkplätzen

im Untergeschoß

**7**  Beschreiben Sie die Wohnungen.

| Wohnung Nr. x | ist | **klein/groß.** |
|---|---|---|
| **Sie** | hat | **einen Balkon/eine Küche/ein Bad/2 Schlafzimmer** *usw*. |
| | ist | **im dritten Stock/im Erdgeschoß** *usw*. |

# Die neuen Bewohner

Herr Krause

## 1 Beim Umziehen

Die neuen Bewohner sind eingezogen – aber nicht ohne Probleme!
Hör gut zu, und dann lies den Brief und die Postkarte.
Wem gehört jeder Gegenstand?

**1**

**2**

**3**

**4**

**5**

**6**

**7**

Thomas

Elisabeth

Katja

```
Spedition Müller EG,
Poststraße 3
5500 Trier                                    2. April

Sehr geehrte Damen und Herren!
Ich schreibe Ihnen, um eine Beschwerde einzulegen. Ich bin vor zwei Tagen
umgezogen, und beim Auspacken habe ich gemerkt, daß einige Sachen kaputt sind. Meine
italienische Stehlampe steht nicht mehr, die Tür meines Kühlschranks
klemmt, und jetzt fehlt ein Fuß an meinem Doppelbett.

Die Reparaturen kosten DM200,- und ich erwarte, daß Sie mir diese Kosten
erstatten werden.

Hochachtungsvoll,
Bernd Krause
```

*Liebe Mutti!*

*Bin gestern bei sehr schlechtem
Wetter eingezogen.
Nachbarn sind aber nett, sehr
freundlich. Hund nebenau geht mir
mit seinem ständigen Bellen auf
die Nerven. Habe beim Einzug
leider meinen Tisch am Türrahmen
zerkratzt – sehr ärgerlich.*

*Viele Grüße,
Deine*

*Katja*

ELMSHORN

1141    1991

2200

*Frau Juge Witthe
Roßbergstr. 6
8952 Marktoberdorf*

## 2 Wie war's beim Umziehen?

Stellen Sie einem Nachbarn/einer Nachbarin Fragen,
um herauszufinden, wie es beim Umziehen war.

> Wie war's beim Umziehen?
> Wie war das Wetter?
> Wie finden Sie die neue Wohnung?
> Wie finden Sie die Nachbarn?

> Der Umzug ist sehr gut gegangen/Ich hatte Probleme.
> Das Wetter war sehr schön/schlecht/regnerisch/warm/mild *usw.*
> Die Wohnung ist schön/klein/groß/gemütlich/nicht schlecht *usw.*
> Die neuen Nachbarn sind freundlich/nett/laut/unfreundlich *usw.*

## 3 Miniprojekt

Schreiben Sie eine Postkarte, und beschreiben Sie Ihren Umzug.

## 4 Streit am Parkplatz

Hör gut zu. Welches Bild ist das?

a
b
c
d
e
f

# Die Wohnung

**1  Wohnungsentwürfe**
Hör gut zu. Welche Wohnung beschreibt man hier?

**a**

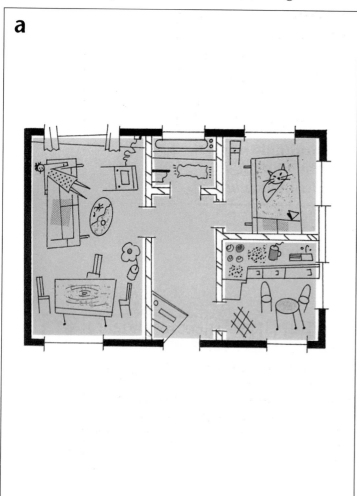

**b**

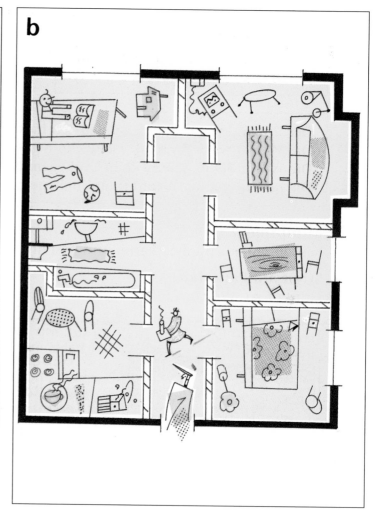

 2A  **2**

**3  Richtig oder falsch?**

   **a**  **i**  Das Wohnzimmer ist links.
      **ii**  Das Schlafzimmer ist zwischen dem Wohnzimmer
          und dem Badezimmer.
     **iii**  Die Küche ist hinter dem Schlafzimmer.

   **b**  **i**  Das Wohnzimmer ist neben der Küche.
      **ii**  Das Badezimmer ist zwischen der Küche und dem Eßzimmer.
     **iii**  Das Schlafzimmer ist rechts.

   **c**  **i**  Die Küche ist neben dem Wohnzimmer.
      **ii**  Das Schlafzimmer ist hinter dem Badezimmer.
     **iii**  Das Kinderzimmer ist links.

**4**  Beschreib eine der Wohnungen mit fünf richtigen Sätzen.

C

**5** **Meine Wohnung**

R

2B

| Der Flur<br>Die Küche<br>Das Wohnzimmer | ist | neben<br>hinter<br>zwischen | dem Schlafzimmer/der Küche.<br>dem Eßzimmer/der Toilette.<br>dem Wohnzimmer und dem Eßzimmer. |
| | | rechts<br>links | vom Kinderzimmer/von der Toilette.<br>vom Badezimmer/von der Küche. |
| | | | geradeaus. |

**6** **Eine Einladung**
Hör gut zu.
Drei Leute laden jemanden ein. Wie antwortet jeder?

**7** Die neuen Bewohner lernen sich kennen. Sie treffen sich im Lift, am Parkplatz *usw*.
Üben Sie Einladungsdialoge mit einem Nachbarn/einer Nachbarin.

R

| Möchten Sie | am Montag<br>am Freitag<br>am Sonntag<br>am Samstag | bei mir/uns | vorbeikommen?<br>Kaffee trinken?<br>ein Bier trinken? |
| Darf ich Sie | | zum Kaffee<br>zum Essen | einladen? |

Ja, gerne.
Ja, bitte.
Danke schön!
Vielen Dank!

Es tut mir leid – da kann ich nicht.
Ich habe schon etwas vor.
Ich habe leider keine Zeit.
Da bin ich leider nicht frei.

# Man möbliert die Wohnung

**1** Das Möbelspiel

**Ziel des Spiels:** Alle fünf Möbelstücke für ein Zimmer sammeln.
**Man braucht:** Einen Würfel, Arbeitsbogen 3, eine Schere, bunte Vierecke.
**Spielregeln:**
- Wähle ein Zimmer (Küche/Wohnzimmer/Schlafzimmer).
- Für den Start braucht man eine 1.
- Wenn man aufs Feld kommt, sagt man entweder: *,Ich brauche einen Stuhl'* (und nimmt das Bild), oder *,Ich brauche keinen Stuhl'*, und der Nächste ist dran.

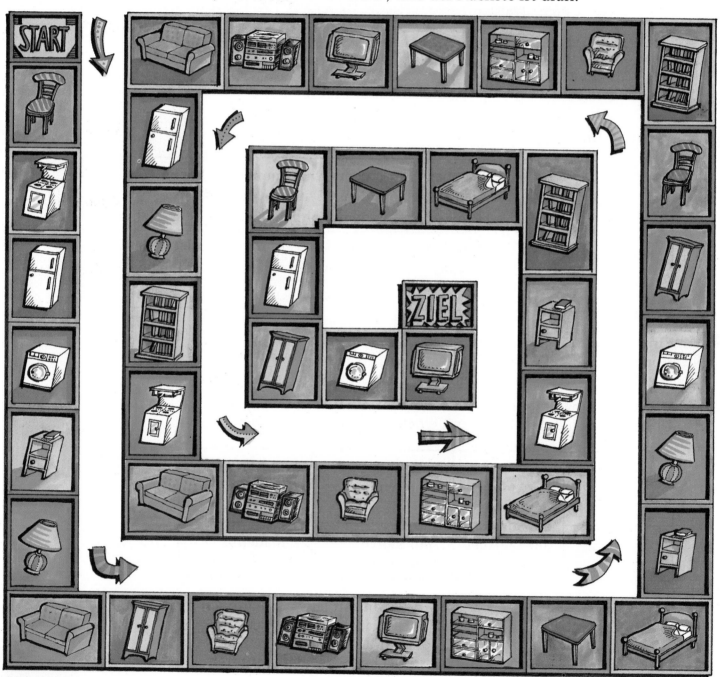

> Ja, ich brauche einen Tisch/eine Lampe/ein Sofa.
> Nein, ich brauche keinen Tisch/keine Lampe/kein Sofa.

**3**

**2** **Paarspiel**

**3** **Das Anschlagbrett**
Hier sind einige Kleinanzeigen auf dem Anschlagbrett im Wohnblock.
Was verkauft man? Was sucht man?

### Verkäufe

**1**
Kaum benutztes Radio –
anderthalb Jahre alt –
Sony – zu verkaufen

DM 150. Für Näheres
Tel: Denning 7109

**2**
Kühlschrank 1A zustand
Kühlfach · AEG
Preis DM 800,-
Tel: 6082 nach 18 Uhr

**3**
Schwarzer Ledersessel
zu verkaufen.
DM 115. Wg. 3. Braun.

**4**
Verkauf: Vorhänge
verschiedener Farben.
Tel. 5137 Heigel.

### Gesuche

**1**
Stereo-kassettenspieler
mit Radio.
Wohng. Nr. 6.
Tel. 5481

**2**
Ich brauche einen Sessel.
Stoff egal.
Ruf. 4935 nach 20.00 Uhr.

**3**
Suche Bücherregal
Hausnummer 4
H. A. P. Grieshaber

**4**
Suche Kühlschrank
bis DM 600,00.
Schnitzer. Tel: 7426

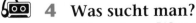 **4** **Was sucht man?**
Hör gut zu. Was sucht man hier?

R **5** **Miniprojekt**
Sie möchten auch etwas verkaufen. Schreiben Sie eine Anzeige.

# Die Haushaltsführung

 **1** Feierabend – aber die Hausarbeit bleibt
Hör gut zu. Welches Bild paßt?

**a**

Ich mache die Betten

**b**

Ich mache die Wäsche

**c**

Ich koche

**d**

Ich spüle ab

**e**

Ich decke den Tisch

**f**

Ich bügle

**g**

Ich gehe einkaufen

**h**

Ich leere die Papierkörbe

**i**

Ich mache das Abendbrot

**j**

Ich füttere den Hund

**k**

Ich putze

**l**

Ich repariere Sachen

**4** | **2** **Die Freundin kommt am Freitagabend zurück!**

| Ich muß | kochen. |
|---------|---------|
| Du mußt | abtrocknen. |
| Er/Sie muß | einkaufen gehen. |

| Ich habe | den Hund | gefüttert. |
|----------|----------|-----------|
| (Hast du…?) | | gebügelt. |
| Er/Sie hat | | aufgeräumt. |

**3** **Männer- oder Frauenarbeit?**
Mach zwei Listen. Was meinen andere Leute?
*Beispiel:* Bügeln – das ist Frauenarbeit.

**4** **Die Mutter streikt!**

# Checkliste

● Ich kann mein Haus/meine Wohnung beschreiben und die Zimmer nennen.
● Ich habe 5/10/15 Wörter für Möbelstücke gelernt.
● Ich kann ein Zimmer beschreiben.
● Ich kann einen Freund oder eine Freundin zu mir einladen.
● Ich weiß, wie man etwas kauft und verkauft.
● Ich weiß, was man zu Hause als Hausarbeit machen muß.

# Meine Stadt

**befinden** *unr. refl. V.* be

**behindert** *Adj.* handicapped; **Behinderte** **der/die**; *adj. Dekl.* handicapped person; **die ~n** the handicapped; **WC für ~ :** toilet for disabled persons

**Fußgängerzone die** pedestrian precinct

**Gebäude das; ~s, ~ a)** building; **b)** *(Gefüge)* structure

**Wegweiser der; ~s, ~** signpost

**Rundfahrt die** tour (**durch** of)

**Sehens · würdigkeit die; ~ , ~en** sight

**Verkehrsmittel das** means of transport; **die öffentlichen ~mittel** public transport *sing.*

## Es lohnt sich, Salzburg zu besuchen!

# SALZBURG

Am 5. Dezember 1791 starb Wolfgang Amadeus Mozart. Sein Genie gehört der Welt. Aus welchen Wurzeln aber kam dieses Leben? Wie gestaltete sich der Alltag seiner Zeit? Am Hof des Erzbischofs, in der bürgerlichen Gesellschaft dieses kleinen Städtchens Salzburg, das damals Haupt- und Residenzstadt eines reichsunmittelbaren Fürstentums war. Die Sonderschau "SALZBURG ZUR ZEIT DER MOZART", die das Salzburger Museum C.A. gemeinsam mit dem Dommuseum zu Salzburg plant, versteht sich als Ergänzung zur großen Landesausstellung "Mozart – Bilder und Klänge" im Schloß Kleßheim. Der Ausstellungsteil im Salzburger Museum C.A. wird sich mit den Aspekten des bürgerlichen, derjenige des Dommuseums burg mit denen des Lebens am Hofe der Landesfürsten befassen.

*Salzburg zu Salzgeistlichen*

### MOZARTPLATZ

Auf dem im Zentrum Salzburgs gelegenen Mozartplatz fand das von Ludwig von Schwanthaler gestaltete Denkmal des berühmten Komponisten seinen Platz. Aus dem Turm des an der Südseite erbauten erzbischöflichen Palastes erklingt täglich das bekannte Salzburger Glockenspiel. Unmittelbar daran grenzt der zum Dom führende Residenzplatz mit seinem hochbarocken Brunnen.

## GETREIDEGASSE

Am Rathaus beginnt Salzburgs beliebteste Einkaufsstraße, die Getreidegasse. Bis auf wenige Ausnahmen haben die Häuser ihre Fassaden aus dem 17. und 18. Jahrhundert bewahrt. Die reich verzierten **Haus- und Gewerbeschilder** sind ebenso reizvoller Blickfang wie die Schaufenster der zahlreichen Geschäfte. Das Haus Nummer 9 beherbergt die wichtigste Mozart-Gedenkstätte: Es ist das **Geburtshaus** des berühmten Komponisten.

## MIRABELLGARTEN

Der mit Figurengruppen, Blumenarrangements und Fontänen geschmückte Mirabellgarten bietet einen herrlichen Blick auf die Festung Hohensalzburg. Im **Schloß Mirabell** befindet sich heute der Sitz des Bürgermeisters. Über die barocke **Raphael-Donner-Stiege** gelangt man zum Standesamt mit dem **Marmorsaal**, der wegen seines romantischen Flairs Reiseziel von Brautpaaren aus aller Welt ist.

**LEGENDE ZUM STADTPLAN: 1** Dommuseum. – **2** Salzburger Museum C.A. – **3** Mozarts Geburtshaus. – **4** Mozarts Wohnhaus

### EINTRITTSPREISE

Kombinationskarte Salzburger Museum C.A. - Dommuseum

| | |
|---|---|
| Erwachsene | S 50,- |
| Gruppen ab 10 Personen, Senioren | S 40,- |
| Kinder, Schüler, Studenten, Militär | S 20,- |
| Führungskarte | S 10,- |

Kombinationskarte mit den Mozart - Gedenkstätten

| | |
|---|---|
| Erwachsene | S 80,- |
| Gruppen ab 10 Personen, Senioren, Studenten | S 53,- |
| Jugendliche und Schüler (15 - 18 J.) | S 22,- |
| Kinder und Schüler (6 - 15 J.) | S 17,- |

### ÖFFNUNGSZEITEN

**TEIL I** - Die Bürgerstadt: Salzburger Museum Carolino Augusteum, Museumsplatz 1, täglich 9 - 17 h, Dienstag 9 - 20 h

**TEIL II** - Die Fürstenstadt: Dommuseum zu Salzburg, Domplatz 1, Eingang Domvorhalle, täglich 10 - 17 h

INFORMATIONEN + AUSSTELLUNGSBÜRO:
Salzburger Museum Carolino Augusteum, Museumsplatz 6, A-5020 Salzburg.
Tel. (0662) 841 134 (31)

## SCHLOSS HELLBRUNN

Fürsterzbischof **Markus Sittikus** war ein begeisterter Bewunderer italienischer Architektur. Schloß und Park Hellbrunn wurden wahrscheinlich von seinem Baumeister **Santino Solari** geplant und erregten das Staunen italienischer Zeitgenossen.

Im Sommer sind die weitläufigen Parkanlagen, der angrenzende Tiergarten und zahlreiche kulturelle Veranstaltungen beliebtes Ziel für Ausflüge.

# Was gibt es in deiner Stadt?

**1** Wie heißen die Gebäude?

| | | | |
|---|---|---|---|
| der Bahnhof | die Kirche | das Einkaufszentrum | das Museum |
| der Dom | die Post | das Freibad | das Rathaus |
| der Markt | die Schule | das Hotel | das Schloß |
| der Park | | das Kino | das Sportzentrum |
| der Zoo | | das Krankenhaus | das Verkehrsamt |

**1A** **2** Welche Gebäude findest du?

**3** Was gibt es in der Stadt? (Siehe oben)

| | |
|---|---|
| **Es gibt** | einen (schönen) Park. |
| | eine (moderne) Post. |
| | ein (altes) Rathaus. |

**4** Was gibt es in deiner Stadt oder in deinem Dorf zu sehen? Verwende diese Adjektive.

schön modern
gut interessant klein
groß
historisch neu
hoch alt häßlich hübsch

**5** Miniprojekte
- Schreib die Einführung für ein Prospekt über deine Stadt.
- Sprich die Einführung auf Kassette für einen Walkmanrundgang. Ändere die Wörter in *Kursivdruck*.

### Beispielstadt

*Beispielstadt* ist eine Reise wert. Es gibt so viel zu sehen und zu machen, sowie auch viele interessante Sehenswürdigkeiten. Zum Beispiel gibt es *ein altes Schloß und ein historisches Rathaus ...*

Für sportliche Leute gibt es *ein großes Sportzentrum und ein neues Freibad ...*, und für Leute, die sich für *Musik ...* interessieren, gibt es *eine moderne Konzerthalle ...*

  **1B** **6** Wohnen sie gern dort?

**7** Wer wohnt hier auf dem Lande, und wer wohnt in einer Stadt? Wer sagt was?

*Beispiel:*
**a** wohnt in einer Stadt.

**a** Es gibt sehr viel zu tun.

**b** Es ist sehr ruhig hier.

**c** Die Luft ist sehr frisch und gesund.

**d** Hier ist immer viel los!

**e** Die Landschaft hier ist so schön – es gibt viele Hügel und Seen.

**f** Es gibt immer sehr viel Verkehr auf der Straße – auch in der Nacht.

**g** Wir haben hier ein sehr gutes Gemeinschaftsgefühl.

**h** Es gibt nicht sehr viele Jugendliche in diesem Ort. Es kann manchmal auch langweilig sein.

**i** Die öffentlichen Verkehrsmittel sind hier sehr gut.

**j** Hier gibt es viel Lärm und Umweltverschmutzung.

**k** Viel Kriminalität haben wir nicht.

**l** Man hat gar keine Ruhe.

**8** Wohnst du gern in deiner Stadt oder nicht?

| **Ich wohne gern hier,** | | es viel zu tun gibt. |
| --- | --- | --- |
| | | wir ein sehr gutes Gemeinschaftsgefühl haben. |
| | **weil** | |
| **Ich wohne nicht gern hier,** | | es manchmal langweilig sein kann. |
| | | es sehr viel Umweltverschmutzung gibt. |

 **9** **Welche Stadt ist das?**
Hör zu. Hier beschreibt man einige britische Städte für deutsche Touristen.
Welche Stadt ist das?

# Berlin – im Herzen Deutschlands

**1** Lies diesen Text.

## Berlin sehen – ohne Streß

Wenn Sie etwas von Berlin ohne Streß sehen wollen, dann empfehlen wir Ihnen, mit der Buslinie 100 zu fahren. Damit fahren Sie Tag und Nacht schnell und günstig vom Zoo bis zum Alexanderplatz. Nehmen Sie also Platz, und gute Reise!

**2 Bei der Auskunft**
Hör zu.

– Wie oft fährt der Bus Linie 100 bitte?
– Jede halbe Stunde – der nächste fährt um 10.30.
– Und wo ist die nächste Bushaltestelle?
– Direkt hier auf der rechten Seite vor dem Bahnhof Zoo.
– Und was kosten die Fahrkarten?
– Ein Einzelfahrschein kostet drei Mark. Am besten aber kaufen Sie eine 24-Stundenkarte für 12 Mark. Das ist sehr günstig, und damit können Sie überall fahren – auch mit der U-Bahn und mit der S-Bahn. Diese 24-Stundenkarte ist aber nicht vom Busfahrer erhältlich. Sie müssen die Karte vorher hier kaufen.
– Vielen Dank für Ihre Hilfe.

**3 Eine Busreise durch Berlin**
Du fährst mit deinem Freund aus Berlin mit der Linie 100. Er beschreibt die Sehenswürdigkeiten, die ihr vom Bus seht. Hör zu. Finde das richtige Foto.

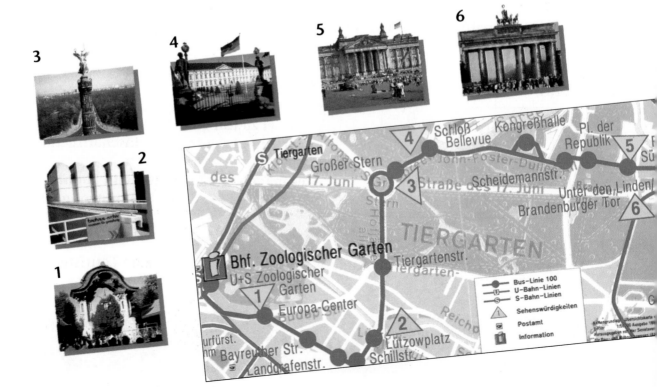

**4** Welche Beschreibung paßt zu welcher Sehenswürdigkeit?

**a** Hier kann man sehr viele alte Antiquitäten sehen, zum Beispiel den Pergamonaltar aus Griechenland.

**b** Es wurde zwischen 1788 und 1791 gebaut. Früher war es direkt an der Berliner Mauer, aber jetzt ist es ein Symbol der deutschen Einheit.

**c** Hier finden Sie allerlei Sorten von Tieren: Löwen, Elefanten, Schlangen, Fische und so weiter.

**d** Früher war er das Zentrum von Ostberlin. Hier kann man den Fernsehturm besuchen, und hier findet man auch die Weltzeituhr.

**e** Früher war er das Parlamentshaus Deutschlands. Es gibt jetzt eine sehr interessante Ausstellung über die Geschichte Deutschlands.

**f** Früher stand dieser Turm vor dem Reichstag. Seit den 30er Jahren aber ist er auf seiner neuen Position. Von hier aus hat man einen tollen Ausblick über Berlin.

**g** Der Präsident von Deutschland wohnt hier, wenn er in Berlin ist. Man kann das Haus selbst normalerweise nicht besuchen, aber Touristen dürfen in den Park gehen.

**5** **Miniprojekte**
* Schreib einen Brief an das Berliner Verkehrsamt für mehr Informationen.
* **Die Sehenswürdigkeiten Berlins**
* Was sind die Sehenswürdigkeiten für Touristen in deiner Stadt? Schreib eine Broschüre für deutsche Gäste.

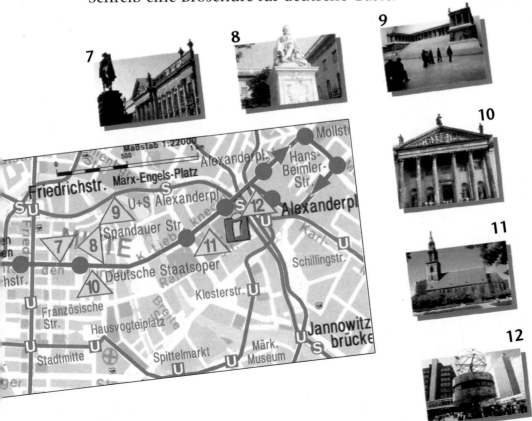

# Verkehrsmittel

**1** **Wie fahren die Leute in die Stadt?**
Lies den Text, und hör zu. Wie fährt jeder?

**a**

Ich fahre immer mit dem
Fahrrad in die Stadt. Es gibt
sehr gute Fahrradwege, so
daß man nicht neben den
Autos und LKWs fahren muß.
Radfahren ist sehr
umweltfreundlich, und ich
kann auch dabei fit bleiben.
Es gibt nur ein Problem –
Fahrräder werden oft geklaut,
wenn sie nicht gut
abgeschlossen sind.

**b**

In unserer Stadt fahren viele
Leute mit der Straßenbahn.
Sie ist meistens sehr pünktlich,
und es gibt keine Staus, im
Gegensatz zum Bus. Allerdings
ist es ziemlich teuer, wenn
man nur Einzelfahrscheine
kauft, aber wenn man eine
Wochen– oder Monatskarte
kauft, dann ist es sehr
preiswert, mit der
Straßenbahn zu fahren.

**c**

Ich fahre meistens mit dem
Auto ins Büro. In der Stadt sind
Parkplätze relativ schwierig zu
finden, aber unser Büro hat
eine Privatgarage. Manche
Leute sagen, daß es nicht
umweltfreundlich ist, mit dem
Auto zu fahren, aber das macht
mir nichts aus. Es ist schnell
und bequem, und ich kann
Radio hören, während ich
fahre.

**2** Was sind die Vor- und Nachteile von den drei Verkehrsmitteln?
Mach drei Listen.

**3** **Bei der Reiseauskunft**
Sieh dir den Plan an.
Hör zu. Diese Personen sind
am Bonner Hauptbahnhof.
Wo wollen sie hinfahren,
und wie kommen sie am besten
dahin?

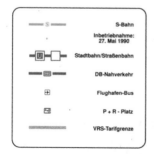

**4 Partnerarbeit**

Ihr seid am Bonner Hauptbahnhof auf dem Plan. **A** wählt ein Ziel,
und fragt, wie man am besten dahin fährt. **B** antwortet.

| | |
|---|---|
| **Wie fahre ich am besten** | **zum Museum Koenig?**<br>**zur Universität?**<br>**zum Konrad–Adenauer–Platz?**<br>**nach Bad Honnef?** |

| | |
|---|---|
| **Sie fahren am besten** | **mit der U-Bahn Linie x.**<br>**mit der Straßenbahn Linie x Richtung ...**<br>**und dann mit dem Zug.** |

**5 Welche Fahrkarte?**

Sieh dir die Informationen an, und hör zu. Fünf Leute sind am
Informationsschalter. Welche Fahrkarte ist für jeden am besten?

**Die VRS-Fahrausweise**

Viele Menschen brauchen den öffentlichen Nahverkehr.
Viele nutzen ihn.
Und weil viele Benutzer ganz unterschiedliche Bedürfnisse
haben, hat der VRS auch ein breites Angebot an Fahraus-
weisen.

**Für Wenig-Fahrer**

● Der Einzelfahrschein in allen Preisstufen
● Die Mehrfahrtenkarte mit Mengenrabatt

**Für Viel-Fahrer**

● Die Monatskarte
● Die Wochenkarte
● Die 9-Uhr-Umwelt-Karte zum Superpreis als Extra-
   Belohnung, wenn Sie morgens dem Berufsverkehr
   ausweichen

(Alle – außer Wochenkarte – auch im Abo)

**Für Extra-Fahrer**

● Die 24-Stunden-Karte – unbegrenzt fahren an allen
   Tagen, sternförmig in alle Richtungen, bis zu 4 Tarifzonen
● Die Familien-Tages-Karte – maximal 4 Personen
   (2 Erwachsene und 2 Kinder unter 12 Jahren) unbegrenzt
   fahren, sternförmig in alle Richtungen, bis zu 4 Tarifzonen
● Die 3-Tage-Karte – 3 Tage lang rund um die Uhr fahren:
   Einer oder Viele nacheinander, weil sie übertragbar ist

**Mit der neuen Familientageskarte fährt selbst der Weihnachtsmann mit seiner Familie besser.**

Rechtzeitig für die Weihnachts-
einkäufe ist die VRS-Familientages-
karte jetzt auch an Werktagen ab
9.00 Uhr gültig.
Natürlich für Familien – aber auch für
Kleingruppen bis zu 2 Erwachsene
und 2 Kinder unter 12 Jahre.
Das überzeugt sogar den Weihnachtsmann und seine Familie. So
kommen auch Sie zu viert besser weg.

Also gute Fahrt und erfolgreiche
Einkäufe.
Ihre Verkehrsbetriebe im VRS.
Eine Verbindung mit der Sie gerade
in der Weihnachtszeit gut fahren.

Damit es schneller
und einfacher geht
Verkehrsverbund Rhein-Sieg

**6 Miniprojekt**

Wie besucht man am besten die Sehenswürdigkeiten in deiner Stadt?

*Beispiel:* Schloß – Sie fahren am besten mit der Buslinie 10.

# Behindertenfreundlich in der Stadt

**1** Welche Probleme haben Rollstuhlfahrer?
Hör zu. Lies diesen Text.

Oft ist es schwierig für Rollstuhlfahrer und andere Körperbehinderte, in einer Stadt zurecht zu kommen. Gebäude wie die Post oder das Rathaus haben manchmal keine Rampe, sondern eine Treppe zum Haupteingang. Türen sind manchmal zu eng oder zu schwer. Der Fußweg ist manchmal zu eng oder zu hoch, so daß Rollstuhlfahrer auf der Straße neben dem Straßenverkehr fahren müssen. Viele Städte machen aber jetzt viel mehr, um das Einkaufen für Behinderte einfacher zu machen. Zum Beispiel gibt es in fast jeder Stadt Parkplätze, die für sie reserviert sind. Geschäfte haben Rampen und Fahrstühle, und man findet oft Toiletten, die für Rollstuhlfahrer geeignet sind.

**3A** **2**

**3B** **3** Wie behindertenfreundlich ist deine Stadt?

**4** Beim Verkehrsamt
Hör zu. Drei Leute sind beim Verkehrsamt. Was sucht jeder?
Sieh auf die Karte, und finde den Weg.

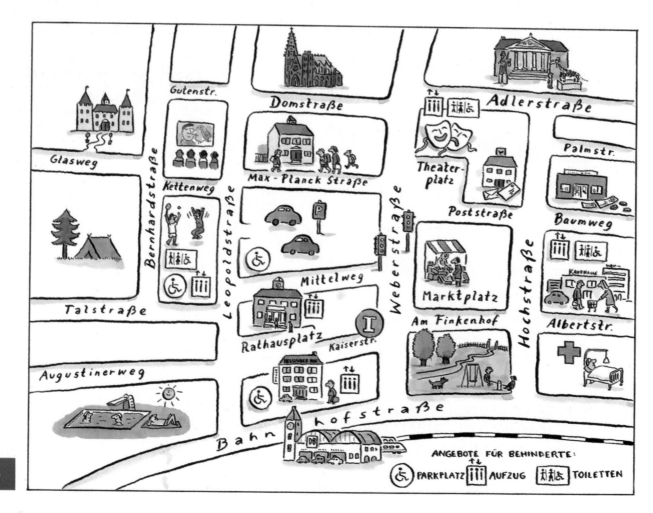

**5** **Wie komme ich am besten dahin?**
**Partnerarbeit.** Ihr seid beim I auf der Karte.
**A** wählt ein Ziel. **B** beschreibt, wie man dahin kommt.

| Wie komme ich am besten | zum Bahnhof?/zur Fußgängerzone?/zum Theater? |
|---|---|

| Wo ist hier | ein Parkplatz?/eine Bank?/ein Schwimmbad? |
|---|---|

| Sie gehen | hier links/rechts/geradeaus/über die Kreuzung/<br>über die Ampel/100 Meter weiter. |
|---|---|

| Sie nehmen die | erste<br>zweite<br>dritte | Straße | links.<br>rechts. |
|---|---|---|---|

| Der Bahnhof | ist<br>befindet sich<br>liegt | auf der linken/rechten Seite.<br>auf dem Luisenplatz.<br>in der Burgstraße. |
|---|---|---|

**6** **Miniprojekte**
- Schreib ein Informationsblatt für Behinderte, die deine Stadt besuchen.
- Beschreib eine Rundfahrt für einen Rollstuhlfahrer in deiner Stadt.
- Sprich diese Beschreibung auf Kassette.

# Einkaufen

**1** Wie heißen die Geschäfte?

 **2** Geschäftsgespräche
Hör zu. Wo finden diese Gespräche statt?

4A **3**

**4** Wo liegt das?
Wo sind die Geschäfte? Schreib Sätze.

| der Zeitungskiosk | die Apotheke |
| der Supermarkt | die Konditorei |
| der Fotoladen | die Bäckerei |
| der Friseursalon | die Metzgerei |
| der Gemüseladen | das Kaufhaus |

| Das Kaufhaus ist | neben | dem Supermarkt.<br>der Bäckerei. |
| --- | --- | --- |
| Der Gemüseladen ist | zwischen | einer Apotheke und einem Friseursalon. |

**4B** **5** **Wegweiser**

| Basement = B |
|---|
| Zwischengeschoß = Z |
| Erdgeschoß = E |
| 1. Etage = ① 4. Etage = ④ |
| 2. Etage = ② 5. Etage = ⑤ |
| 3. Etage = ③ 6. Etage = ⑥ |

| | | |
|---|---|---|
| **A** | Alles für's Bad | ④ |
| | Autoradio | ⑤ |
| | Autozubehör | ⑤ |
| **B** | Babyartikel | ③ |
| | Babywickelraum | ③ + ⑥ |
| | Bestecke | Z |
| | Bettwaren | ④ |
| | Bettwäsche | ③ |
| | Buchbestellservice | ⑤ |
| | Bücher | ⑤ |
| **C** | Café-Bar-Cappuccino | ② |
| | Computer-Shop | ② |

| | | |
|---|---|---|
| **D** | Damenbekleidung | ② |
| | Damenhüte | ② |
| | Damenschuhe | ① |
| | Damenstrickmoden | ② |
| | Damenwäsche | ③ |
| | Dekostoffe | ④ |
| **E** | Elektrogeräte (Klein-Geräte) | Z |
| **F** | Fernseher | ⑤ |
| | Filme | B |
| | Filmservice | B |
| | Fotoservice | B + ⑤ |
| | Frisiersalon | ⑥ |
| | Frottierwäsche | ③ |
| **G** | Gardinen | ④ |
| | Gartenbedarf | ⑤ |
| | Geldautomat | B + E |
| | Geschenkartikel | Z |
| | Glas/Porzellan | Z |

| | | |
|---|---|---|
| **H** | Handarbeiten | ③ |
| | Handschuhe | E |
| | Haushaltswäsche | ③ |
| | Heimwerker | ⑤ |
| | Herrenartikel | ① |
| | Herrenbekleidung | ① |
| | Herrenschuhe | ① |
| | Herrenhüte | ① |
| **I** | Information | E |
| **K** | Kinderbekleidung | ③ |
| | Kinderschuhe | ① |
| | Kleiderstoffe | ③ |
| | Koffer | ① |
| | Kosmetik | E |
| | Kundendienst | ④ |
| **L** | Lampen | ④ |
| | Lebensmittel | B |
| | Lederwaren | E |

| | | |
|---|---|---|
| **M** | Matrazen | ④ |
| | Miederwaren | ③ |
| | Mode-Accessoires | ② |
| **O** | Optik-Foto | ⑤ |
| **P** | Parfümerie | E |
| | Paßbildautomat | Z |
| | Pelze | ② |
| | Perücken | E |
| | Porzellan | Z |
| **R** | Radios | ⑤ |
| | Reinigungsmittel | Z |
| | Reisebüro | B |
| | Restaurant | ⑥ |
| **S** | Schallplatten | ⑤ |
| | Schlüsselservice | Z |
| | Schmuck | E |
| | Schreibwaren | B |
| | Schuhe | ① |

| | | |
|---|---|---|
| | Sortentausch | ④ |
| | Spielwaren | ⑤ |
| | Strümpfe | E |
| | Süßwaren | B |
| **T** | Tabakwaren | Z |
| | Teppiche | ④ |
| | Tischdecken | ③ |
| | Toiletten | ④ + ⑥ |
| **U** | Uhren | E |
| **V** | Verwaltung | ⑥ |
| | Verpackungsservice | Z |
| **W** | Waschmittel | Z |
| | WC | ④ + ⑥ |
| **Z** | Zeitschriften | Z |
| | Zentralkassen | B, Z + ④ |

**6** **Partnerarbeit**
Macht Dialoge.
*Beispiel:* – Entschuldigung.
　　　　　 Wo finde ich Handschuhe?
　　　　 – Im Erdgeschoß.

| Die Information Das Restaurant | **befindet sich** | im Erdgeschoß. im sechsten Stock/in der sechsten Etage. |
|---|---|---|
| Schuhe | **befinden sich** | im ersten Stock/in der ersten Etage. |

**5** **7** **Miniprojekte:** Einkauftips

## Checkliste

Ich habe ...

● die Einführung für ein Prospekt über meine Stadt geschrieben.
● die Einführung auf Kassette für einen Walkmanrundgang gesprochen.
● einen Brief an das Berliner Verkehrsamt für mehr Informationen geschrieben.
● ein Poster von den Sehenswürdigkeiten Berlins/von meiner Stadt gemacht.
● beschrieben, wie man am besten mit den öffentlichen Verkehrsmitteln die Sehenswürdigkeiten in meiner Stadt besuchen kann.
● ein Informationsblatt für Behinderte, die meine Stadt besuchen, geschrieben.
● eine Rundfahrt für einen Rollstuhlfahrer in meiner Stadt beschrieben.
● eine Broschüre mit Einkaufstips geschrieben.

# Inselträume

**Ferien** *Pl.* **a)** holiday[s *pl.*] *(Brit.);* vacation *(Amer.);* **in die ~fahren** go on holiday/vacation; **~ haben** have a *or* be on holiday/vacation; **Ferien · haus** das holiday/vacation house

**Insel** die; ~, ~n island

**Strand** der; ~[e]s, Strände beach; **am ~ :** on the beach; **Strand · bad** das bathing beach *(on river, lake);* **Strand · korb** der basket chair

**Unterkunft** die; ~, ~künfte accommodation *no indef. art.;* lodging *no indef. art.;* **~kunft und Frühstück** bed and breakfast; **~kunft und Verpflegung** board and lodging

**Urlaub** der; ~[e]s, ~e holiday[s] *(Brit.):* vacation; *(bes. Milit.)* leave

**Verletzung** die; ~, ~en **a)** *(Wunde)* injury; **b)** *(Kränkung)* hurting

**Zoll** der; ~[e]s, Zölle **a)** (customs) duty; **b)** *o.* *Pl. (Behörde)* customs *pl.*

## 1 Im Reisebüro
Diese Kunden suchen alle einen Urlaub auf einer Insel. Welcher Kunde/welche Kundin paßt zu welcher Karte? Hör zu.

■ *Gewußt wie. Die praktische freundin-Seite.*

### Inselferien mit Wohnmobil

Zwei Inseln – eine im Süden Europas, eine im Norden – sind im kommenden Sommer neue Ziele von kombinierten Flug-Wohnmobil-Reisen. Auf Korsika werden Campingbusse für zwei bis vier Personen angeboten. Eine Woche mit Flug von Frankfurt kostet z. B. ab 859 Mark (DER). In Irland, wo freies Campen erlaubt ist, stehen drei Wohnmobil-Modelle für bis zu fünf Personen zur Auswahl. Eine Woche kostet mit Flug ab Düsseldorf ab 1081 Mark (Wolters Reisen).

REIS
IDEE

**Familie Bergmann**
- Schwimmen
- viel Sonne
- ab Frankfurt fliegen
- möchten ein Appartement mieten

**Herr und Frau Müller**
- mögen die Sonne nicht
- interessieren sich für Geschichte
- wollen ihr eigenes Auto mitnehmen

**Familie Neumann**
- junge Familie
- 2 Kinder
- Frau Neumann ist Englischlehrerin
- Campingurlaub?

**Frau Schmidt**
- Sonne
- wandert gern
- Luxushotel
- hat Blumen sehr gern

# Wohin im Urlaub?

**TENERIFFA**

Insel des ewigen Frühlings

Puerto de la Cruz

Reina Sofia

Playa de las Americas
Los Cristianos

Ein ausgeglichenes Klima und die ganzjährige Badesaison haben Teneriffa zum beliebten Ferienziel werden lassen. Hier erwarten den Urlauber ein reichhaltiges Sport- und Unterhaltungsangebot, komfortable Hotel- und Appartementanlagen und vielfältige Möglichkeiten, die Insel zu erkunden.

**Beachten Sie bitte die Allgemeinen Hinweise im Informationsteil!**

App. Compostela Beach
Übernachtung
1 Woche ab DM
**763,-**
ab Frankfurt

**ZYPERN**

Wo die Götter Urlaub machen.

**Wandern, wo die Welt noch in Ordnung ist.**

Wenn Sie sich laufend erholen wollen, dann wandern Sie auf den Spuren der Götter durch eine unberührte Natur.
Ob an wunderschönen, sauberen Stränden, oder in der einsamen Bergwelt des Troodos, ob inmitten duftender Blumenmeere – Zypern beschert Ihnen eine gesunde Fauna und Flora. Weit ab vom Trubel der Großstädte finden Sie Erholung auf Schritt und Tritt.
Und wenn Sie nach Ihren Wanderungen zurückkehren in Ihr erstklassiges Hotel und den vorbildlichen Service genießen, dann werden Sie sagen – „Hier ist die Welt noch in Ordnung".
Auch was die Preise angeht. So ist das eben - auf der Insel der Götter.

CYPRUS AIRWAYS fliegt Sie hin.

**COUPON**

Bitte senden Sie mir gratis Informationen über Zypern.

Name: _____

Straße: _____

PLZ/Ort: _____

**FREMDENVERKEHRSZENTRALE ZYPERN**
CYPRUS TOURISM ORGANISATION

An die Fremdenverkehrszentrale Zypern, Kaiserstr. 13.
6000 Frankfurt 1.

**BEI UNSERER FLOTTE PFLEGEN WIR ENGLÄNDER IMMER NOCH GEWISSE KÖNIGLICHE TRADITIONEN**

Da wir Engländer traditionell nun mal den täglichen Umgang mit Monarchen gewohnt sind, haben wir gelernt, gewisse Fragen des Lebensstils auch im Alltag etwas anspruchsvoller zu beantworten. Dieser Ruf eilt uns mittlerweile schon bis zum europäischen Festland voraus. Und zwar in Form der englischen Flotte, mit der wir Sie stilvoll in Empfang nehmen: P&O European Ferries. Britischer Service und Komfort. Viele individuelle Routen – rund um die Uhr. Und besonders günstige Konditionen.

Britische Zentrale
für Fremdenverkehr
Taunusstraße 52– 60
6000 Frankfurt I

Cairnryan
Larne

BRITAIN GREAT

Nordsee

Felixstowe
Portsmouth Dover Zeebrugge
Cherbourg Calais Oostende
Le Havre Boulogne

**P&O**
European Ferries

*Britain begins on board.*

WO WIR SIND,
IST AUCH EIN WEG.

P&O European Ferries (Dover) Limited · Graf-Adolf-Straße 41 · 4000 Düsseldorf 1
Telefon: 02 11-3 87 06-0 · FS: 8 582 327 · Teletex: 17 211 40 41 · Telefax: 02 11-3 87 06 30

**2** Lies diese Ferienanzeigen. Finde für jede Person/Familie einen passenden Urlaub.

**3 Miniprojekt**
Was für einen Urlaub möchtest du? Schreib eine Karteikarte.

1 **4 Die tropische Insel**

# Was packen wir?

**1** Lies die Reisecheckliste.

## Reisecheckliste

Bevor die Reise endlich losgeht, sind verschiedene Vorbereitungen nötig. Beim Packen heißt es Achtung! Ist auch wirklich alles besorgt? Diese Reisecheckliste kann dabei helfen.

**Kleidung:**
- Unterwäsche
- Strümpfe
- mindestens 2 Hosen
- (Rock/Kleid)
- Hemden/T-Schirts
- dicker Pullover
- Anorak/Regenzeug
- festes Schuhwerk
- Badelatschen
- Badeanzug/-hose
- Handtücher
- kleine Tasche/Stadtrucksack

**Hygiene und Pflegemittel:**
- Zahnbürste/-pasta
- Haarbürste/Kamm
- Seife/Shampoo
- Creme/Kosmetik
- Rasierzeug
- Kleidungs-Waschpaste
- Schuhcreme
- Wäscheklammer/Leine
- Nähzeug/Ersatzknöpfe
- Fön

**Reise-Apotheke:**
- Pflaster
- Aspirin
- Kohletabletten
- Abführmittel
- Brandsalbe
- Salbe gegen Insektenstiche

**Paß, Geld und Versicherung:**
- gültigen Reisepaß/
- Personalausweis
- ausländische Währung
- Postsparbuch/Reiseschecks
- Krankenversicherung

**Praktisches:**
- Klebeband
- Streichhölzer/Kerze
- Stecker-Adapter
- Taschenlampe/Batterien
- Taschenmesser
- Besteck/Trinkgefäß
- Walkman/Kassetten/
- Batterien
- Fotoapparat/Filme
- Wecker

**Unterhaltung und Bildung:**
- Reiselektüre
- Landkarten/Stadtpläne
- Reise-/Stadtführer
- Wörterbücher
- Stift
- Briefpapier/Umschläge
- Adreßbuch
- diesen Kalender!

**Zusätzliches**

**- für eine Campingreise:**
- Zelt
- Iso-Matte
- Schlafsack
- Kocher und Zubehör

**- für eine Jugendherbergsreise:**
- Dt. JH-Verzeichnis
- Int. JH-Verzeichnis
- DJH-Mitgliedsausweis

**- für eine "Sonnenreise":**
- Sonnenöl
- Sonnenbrille

**- für eine Autoreise:**
- grüne Versicherungskarte
- Pannenschutzbrief
- das wichtigste Werkzeug

**2  Anna und Martina beim Packen**
Hör zu. Notiere, was Anna und Martina mitnehmen.

**3  Was nehmen sie mit?**
*Beispiel:* Sie nehmen ein Taschenmesser mit.

| | | |
|---|---|---|
| Ich nehme<br>Er/Sie nimmt<br>Wir nehmen<br>Sie nehmen | einen Schlafsack<br>eine Sonnenbrille<br>ein Zelt<br>Batterien<br>Sonnenöl | mit. |
| Nimmst du ... ?<br>Nehmen wir ... ? | | |

**4** Was nehmen diese Leute mit in den Urlaub?
*Beispiel:* 1 Er nimmt einen Pullover mit.

**2 5** **Was nimmt Ralf mit in den Urlaub?**

 **6** **Partnerarbeit**
A fährt morgen in einen
Campingurlaub. Du hast aber zuviel
Sachen!
B fragt: Was brauchst du?
Was brauchst du nicht?

*Beispiel:*
B – Brauchst du den Schlafsack?
A – Ja, ich brauche den Schlafsack.

| Ich brauche | den Schlafsack<br>das Feuerzeug<br>die Schreibmaschine | (nicht). |
|---|---|---|

**7** Du hast immer noch zuviel! Du darfst nur fünf Sachen mitnehmen!
Was nimmst du mit?

**8** **Miniprojekt**
Schreib eine Checkliste für deinen nächsten Urlaub.

# Urlaub

**1   Mein Urlaub**
Hör zu. Ein Mädchen beschreibt ihre letzten Ferien. Welches Bild paßt?

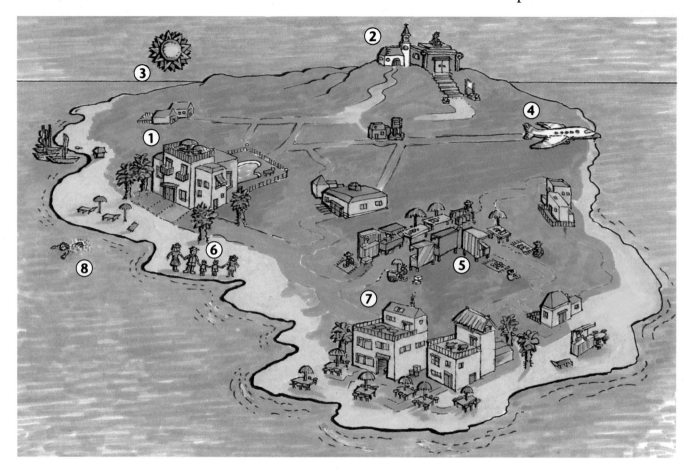

**2   Welcher Satz paßt zu welchem Bild?**

Wir haben viele Sehenswürdigkeiten gesehen.

Ich bin mit meiner Familie hingefahren.

Wir haben in einem Hotel gewohnt.

Wir haben auf dem Markt eingekauft.

Letztes Jahr bin ich im Urlaub in die Sonne gefahren.

Ich bin schwimmen gegangen.

Wir haben in vielen verschiedenen Restaurants gegessen.

Wir sind geflogen.

**3   3   Wie abenteuerlich bist du?**

**4**   Schreib einen Abenteuerbericht über dich und über deinen Partner/deine Partnerin.
*Beispiel:* Peter ist ziemlich abenteuerlich. Er fährt gern allein in den Urlaub ...

**5** **Beim Zoll**

Frau Fink ist beim Zoll.
Der Zollbeamte hat diese Sachen in ihrer Reisetasche
gefunden. Hör zu. Finde fünf Lügen.

| | |
|---|---|
| **Beamter:** | – Guten Tag. Darf ich Ihnen ein paar Fragen stellen? |
| **Frau Fink:** | – Ja, natürlich. |
| **Beamter:** | – Wo waren Sie? |
| **Frau Fink:** | – Ich war in Wien. |
| **Beamter:** | – Waren Sie auf Geschäftsreise oder im Urlaub? |
| **Frau Fink:** | – Auf Geschäftsreise. Ich arbeite bei einer Bank. |
| **Beamter:** | – Haben Sie etwas zu verzollen? |
| **Frau Fink:** | – Nein, ich hatte gar keine Zeit zum Einkaufen. Ich war die ganze Zeit in meinem Hotel, weil ich krank war. Und es hat die ganze Zeit geregnet. |
| **Beamter:** | – Oh es tut mir leid. Geht es Ihnen jetzt besser? |
| **Frau Fink:** | – Danke, ja – aber jetzt muß ich mich beeilen. Ich will meinen Bus nicht verpassen. |
| **Beamter:** | – Das ist leider nicht möglich. Bitte kommen Sie mit mir. |

 **4A** **6** **Wie war dein Urlaub?**

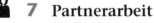 **7** **Partnerarbeit**

Stellt Fragen:

| | |
|---|---|
| Wo warst du letztes Jahr im Urlaub? | Mit wem bist du gefahren? |
| Wie bist du hingefahren? | Für wie lange warst du da? |
| Was hast du gemacht? | Wie war das Wetter? |
| Wo hast du gewohnt? | |

**8** Schreib es auf.

**4A** **9** **Wie macht man einen internationalen Telefonanruf?**

# Unterkunft

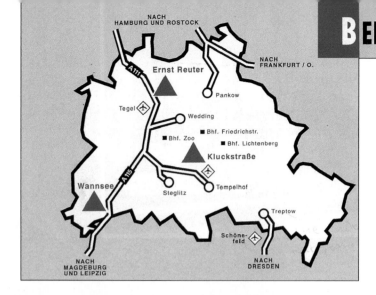

**1** **Was für Unterkunft?**
Hör zu. Würdest du diesen Leuten eine Herbergstour empfehlen?

5A **2** **Jugendherbergen in Berlin**

## Jugendherberge Ernst Reuter

### Das Haus
Berlin steht nicht immer für großstädtische Hektik, gigantische Verkehrsprobleme und geschäftige Betriebsamkeit.

Etwa 45 Minuten Fahrzeit mit dem Autobus und der U-Bahn von der Innenstadt entfernt, liegt im Norden der Stadt an der Ortsteilgrenze von Tegel zu Hermsdorf, im Stadtbezirk Reinickendorf, die Jugendherberge ‚Ernst Reuter'.

Die Jugendherberge verfügt über 111 Betten in Sechsbett-Zimmern und in Zweibett-Zimmern für Begleiter sowie Gemeinschaftswaschräume und Duschen.

Zwei Aufenthaltsräume können außerhalb der Essenszeiten benutzt werden, und die Küche ist auf Halbpension mit warmem Abendessen eingerichtet. Auf Wunsch werden auch Lunchpakete angeboten. Eine besondere Erwähnung verdient das ausgezeichnete Frühstücksbuffet.

### Freizeit
Das Haus ist mit Fernseher, Leinwand, Seminartafel und einer kleinen Bibliothek ausgestattet. Tischtennis, Kicker und Brettspiele bieten darüber hinaus Zeitvertreib.

## Jugendgästehaus Wannsee

### Das Haus
Das Haus verfügt über 72 Vierbett-Zimmer (über 288 Betten), die alle mit Waschbecken und Duschen ausgestattet sind, jeweils sechs Zimmern sind Toiletteneinheiten zugeordnet. Behinderten-WCs und Duschen sind begrenzt vorhanden.

Das leibliche Wohl ist bei der auf Vollverpflegung eingerichteten Küche in besten Händen. Vegetarisches Essen oder Vollwertkost wird bei vorheriger Absprache mit der Hausleitung zubereitet. Lunchpakete werden auf Wunsch ebenso geliefert.

Waschmaschinen und Trockner bieten den Gästen die Möglichkeit, selbst zu waschen.

### Freizeit
Das Freizeitangebot des JGH bietet Spiel- und Liegewiese auf großzügigem Außengelände, Tischtennisplatten innerhalb und außerhalb des Hauses, Fernseh- und Billardraum sowie einen Tanzkeller.

## Jugendgästehaus Kluckstraße

### Das Haus
Das JGH verfügt über 364 Betten in Vier- bis Achtbettzimmern. Die Duschen und Toiletten befinden sich auf den Etagen. Gruppenleiter können in Zweibett-Zimmern untergebracht werden, Einzelzimmer stehen leider nicht zur Verfügung. Familienzimmer sind begrenzt vorhanden, sollten aber in jedem Falle rechtzeitig reserviert werden.

Ein Mehrzwecksaal und Gruppenräume für 20 bis 100 Personen bieten Platz zur Durchführung von Tagungen und Lehrgängen.

Die Küche des JGH offeriert Halb- und Vollpension und stellt auf Wunsch auch Lunchpakete zusammen. Den Gästen stehen Schreib-, Lese- und Fernsehräume sowie Tischtennisplatten außerhalb des Hauses zur Verfügung.

### Freizeit
Die Citylage des JGH eröffnet den Gästen vielfältige Freizeitangebote.

**3 Buchungsbriefe**
Lies die Information und die drei Buchungsbriefe.
Welche Jugendherberge wäre für jede Gruppe am besten?

**a**

Sehr geehrte Damen und Herren!

Ich habe vor, im August mit meiner Schulklasse nach Berlin zu fahren und möchte Unterkunft in einer der drei Berliner Jugendherbergen reservieren. In der Gruppe gibt es 14 Jungen, 16 Mädchen und drei Lehrer (1 männlich, 2 weiblich). Wir möchten Vollpension (Frühstück, Lunchpaket, Abendessen). Wir kommen am 21. August und möchten 4 Nächte bleiben.

Da wir so viel wie möglich von Berlin sehen möchten, wären wir dankbar, Unterkunft in einer Jugendherberge im Zentrum Berlins zu bekommen.

Mit bestem Gruß,
Ihre

*Stephanie Singer*

**b**

Sehr geehrte Damen und Herren!

Wir möchten im März Berlin besuchen und schreiben, um Bettplätze in einer Berliner Jugendherberge zu reservieren. Wir sind zwei Mädchen und zwei Jungen und möchten am 11. März ankommen. Wir wollen drei Nächte bleiben und Halbpension haben. Wir sind alle Vegetarier.

Mit freundlichen Grüßen,

Ihr

Martin Hampelmann.

**Buchungsanfragen und alle Korrespondenz für die drei Berliner Häuser richten Sie bitte bis zwei Wochen vor dem (geplanten) Anreisetermin an die Geschäftsstelle des DJH–Landesverbandes Berlin–Brandenburg, Tempelhofer Ufer 32 in W–1000 Berlin 61.**

Sehr geehrte Damen und Herren!

Ich komme am 10. September mit meiner Familie nach Berlin. Haben Sie zu dieser Zeit Plätze frei? Wir möchten zwei Nächte bleiben. Wir sind insgesamt sechs Personen in der Familie und möchten ein Familienzimmer haben. Wir möchten in einer Jugendherberge außerhalb der Stadtmitte bleiben.

Vielen Dank für Ihre Hilfe,

Ihre

*Martina Schmidt*

**c**

**4 Miniprojekt**
● Schreib einen Reservierungsbrief an eine Jugendherberge, oder:
● **Ein Buchungsformular**

**5B**

**6 5 In der Jugendherberge**

# Krank am Strand

**1** **Gefahren am Strand**
Hör zu. Wer spricht hier?

**2** Welche Person ist das?

Ich habe Kopfschmerzen.

Ich habe Durchfall.

Ich habe mich in den Fuß geschnitten.

Eine Wespe hat mich gestochen.

Eine Krabbe hat mich gezwickt.

Ich habe Verstopfung.

Ich habe mir den Fuß verrenkt.

Ich habe mir die Nase gebrochen.

Ich habe Sonnenbrand.

Ich habe mich verbrannt.

## 3 Erste Hilfe

Welche Angabe paßt zu welchem Bild?
Was ist für jeden Unglücklichen am Strand richtig?

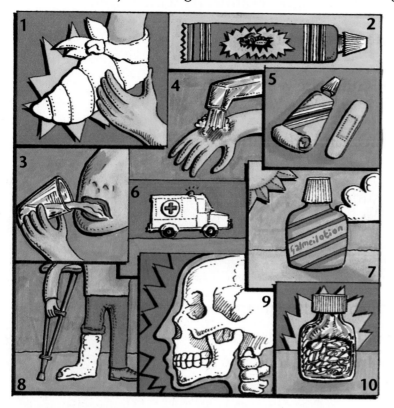

Sie müssen die Brandwunde mit kaltem Wasser kühlen.

Sie müssen viel Wasser trinken und viel Obst essen.

Sie müssen sofort ins Krankenhaus gehen.

Sie müssen die Wunde verbinden.

Sie dürfen nicht mit dem Fuß auftreten – die Verrenkung wird einen Gipsverband benötigen.

Verwenden Sie eine Salbe gegen Wespenstiche!

Der Kopf muß geröntgt werden!

Sie müssen Tabletten gegen Durchfall nehmen.

Verwenden Sie eine gute Galmeilotion!

Kaufen Sie eine antiseptische Creme, und verwenden Sie ein Pflaster!

## 4 Beim Arzt

Hör zu. Vier Leute sind beim Arzt.
Was fehlt ihnen, und was sagt der Arzt?

*Der Patient/Die Patientin sagt:*

**Ich habe seit drei Tagen Kopfschmerzen/Verstopfung/einen Sonnenbrand.**

**Haben Sie ein Mittel dagegen?**

**Was soll ich machen?**

*Der Arzt/Die Ärztin sagt:*

**Ich verschreibe Ihnen Tabletten/eine Salbe/ein Medikament.**

**Nehmen Sie diese Tabletten dreimal am Tag nach dem Essen mit einem Glas Wasser!**

**Hier ist ein Rezept. Gehen Sie damit zur Apotheke!**

## 5 Partnerarbeit

A ist Patient(in). B ist Arzt/Ärztin. Macht Dialoge.

# Schiffbruch!

Du warst letztes Jahr bei einem Schiffbruch dabei. Jetzt bist du wieder daheim, und ein Reporter von der Stadtzeitung stellt dir Fragen. Beantworte seine Fragen.

**Reporter:** Du hast letztes Jahr einen interessanten Urlaub gemacht, nicht wahr?

**Du:** Ja, letztes Jahr habe ich eine Schiffsreise gemacht.

**Reporter:** Und wo war das?

**Du:** Im Atlantik/Pazifik/IndischenOzean/in der Karibik.

**Reporter:** Beschreibe das Schiff!

**Du:** Es war klein/groß/neu/alt/luxuriös.

**Reporter:** Was konnte man auf dem Schiff alles machen?

**Du:** Man konnte ...

**Reporter:** Wie war das Wetter?

**Du:** Es war sonnig/warm/windig/neblig/kalt/regnerisch.

**Reporter:** Und was ist am Abend des 15. August geschehen?

**Du:** Es gab einen großen Sturm, und das Schiff begann zu sinken.

**Reporter:** Was hattest du an?

**Du:** Ich hatte ...                an.

**Reporter:** Was hattest du dabei?

**Du:** Ich hatte ...            dabei.

**Reporter:** Was hast du gemacht?

**Du:** Ich bin drei Stunden lang geschwommen. Endlich habe ich Land gesehen und habe mich auf einer Wüsteninsel befunden.

**Reporter:** Kannst du die Insel beschreiben?

**Du:** Ja, sie war groß/klein/mittelgroß, und es gab Strände/Klippen/viel Dschungel/einen Fluß/ein Dorf.

**Reporter:** Was hast du zuerst gemacht?

**Du:** Ich habe ... ➡️

**Reporter:** Und dann?

**Du:** Ich habe ... ➡️

**Reporter:** Wie lange warst du auf der Insel?

> ein Signalfeuer vorbereitet
> Trinkwasser gesucht
> einen Platz zum Schlafen gesucht
> etwas gegessen

| Du: | 3 Wochen | 1 Woche | 10 Tage | 2 Monate | lang. |

**Reporter:** Hast du etwas Nützliches am Strand gefunden?

**Du:** Ja, ich habe ...
gefunden.

**Reporter:** Was hast du gegessen?

**Du:** Ich habe ...

gegessen.

**Reporter:** Und wie endet die Geschichte?

**Du:**

Am siebten Tag habe ich ein Schiff am Horizont gesehen. Ich habe ein Signalfeuer gemacht, und glücklicherweise hat das Schiff mich gesehen, und der Kapitän hat ein Rettungsboot zu mir geschickt.

Ich habe die ganze Zeit keine Schiffe gesehen. Ich habe beschlossen, ein Boot aus Holz zu bauen. Nach 14 Tagen habe ich endlich Land gesehen und dort Hilfe gefunden.

Oder endet deine Geschichte anders?

 Hör zu.

## Checkliste

Ich kann...
- 10/15/20 Gegenstände nennen, die man im Urlaub braucht.
- meinen letzten Urlaub beschreiben.
- Informationen über Jugendherbergen verstehen.
- 5/10 Krankheiten und ihre Behandlungen beschreiben.

Ich habe...
- eine Reisecheckliste geschrieben.
- einen Reservierungsbrief für eine Jugendherberge geschrieben.
- einen Dialog in einer Jugendherberge auf Kassette gesprochen.
- einen imaginären Schiffbruch beschrieben.

# Schulzeitung

**Abit<u>u</u>r** das; ~s, ~e Abitur *(school-leaving examination at grammar school needed for entry to higher education);* = A levels *(Brit.)*

**durch|fallen** *unr. itr. V.; mit sein* **a)** fall through; **b)** *(ugs.: nicht bestehen)* fail

**Gymn<u>a</u>sium** das; ~s, Gymn<u>a</u>sien = grammar school

**mittlere Reife** die; ~, ~ *(first public examination in secondary school),* = GCSEs *(Brit.)*

**N<u>o</u>te** die; ~, ~n **a)** *(Zeichen)* note; **b)** *Pl.* *(Text)* music *sing.;* **c)** *(Schul~)* mark; **d)** *(Eislauf, Turnen)* score

**Intern<u>a</u>t** das; ~[e]s, ~ e boarding-school

**sitzen|bleiben** *unr. itr. V. (ugs.)* **a)** *(nicht versetzt werden)* stay down (a year)

**Z<u>eu</u>gnis** das; ~ses, ~se **a)** *(Schulw.)* report; **b)** *(Arbeits~)* reference; testimonial; **c)** *(Gutachten)* certificate

HERZLICHEN GLÜCKWUNSCH ZUM Abitur

LEHRER ZIMMER

DAS KOLLEGIUM WAR SICHER TRAURIG ÜBER DEINEN ABSCHIED...

. . . ODER . . ?

Das Fach Chemie vermittelt einen tieferen Einblick in die Natu...

**Unterricht und Erziehung**

# Mathematik – mehr als nur Re

Dr. Hans Kern, Bayerisches Staatsministerium für Unterricht, Kultus, Wissenschaft un...
Josef Rung, Hans-Leinberger-Gymnasium Landshut

**pb-Unterrichtshilfen**
Auszug aus unserem Programm

StB = Stundenbilder: Lehrskizzen, Tafelbilder, Folienvorl. (FV), Arbeitsblätter (AB)
UP = pb-Unterrichtspraxis (vorwiegend Arbeitsblätter)
● = Neuerscheinung (lieferbar)  ○ = erscheint 90/91  ■ = verbesserte Neuauflage

## GRUNDSCHULE

### Mathematik

pb-Unterrichtspraxis

| | | |
|---|---|---|
| 120 | 1. Schuljahr | 24,80 |
| | 130 Seiten, mit 117 Kopiervorlagen | |
| 121 | 2. Schuljahr | 28,80 |
| | 166 Seiten, 149 AB, 22 FV | |
| 122 | 3. Schuljahr | 28,80 |
| | 168 Seiten, 148 AB, 39 FV | |
| 123 | 4. Schuljahr | 28,80 |
| | 166 Seiten, 121 AB, 13 FV | |
| 179 ● | Rechnen mit Lust 2. Schuljahr | 27,80 |
| | Spiele und Übungen als Kopiervorlagen | |

Kartei zum Kopfrechnen
(Kopiervorlagen)

| | | |
|---|---|---|
| 173 ● | 3. Schuljahr | 21,80 |
| 174 ● | 4. Schuljahr | 21,80 |

### Heimat-/Sachkunde

| | | |
|---|---|---|
| 168 ● | Umwelterziehung 3./4. Schuljahr | 29,80 |
| | 168 Seiten | |

Verkehrserziehung UP

| | | |
|---|---|---|
| 151 | 1./2. Schuljahr | 8,80 |
| 186 ● | 3./4. Schuljahr | 19,80 |
| 169 ● | Brauchtum und Feste im (Kirchen-) Jahr 134 Seiten | 25,80 |

### Religion

Katholische Religionslehre StB

| | | |
|---|---|---|
| 154 | 1. Schuljahr 112 Seiten, 26 StB | |
| 113 | 2. Sch... | |

## SEKUNDARSTUFE I

### Deutsch

Literaturformen im Unterricht StB

| | | |
|---|---|---|
| 570 ● | Kurzgeschichte 120 Seiten | 24,80 |
| 571 ● | Erzählung 104 Seiten | 22,80 |
| 574 ● | Glosse/Satire/Groteske/Schwank | 21,80 |
| 579 ● | Lyrik 136 Seiten | 26,80 |

Nachschriften UP

| | | |
|---|---|---|
| 429 ■ | 7.–9. Schuljahr I | 28,80 |
| | 168 Seiten, 37 Nachschriften, 74 AB | |
| 430 | 7.–9. Schuljahr II | 25,80 |
| | 138 Seiten, 30 neue Nachschriften | |

### Erdkunde

| | | |
|---|---|---|
| 205 ■ | Bayern (5. Schuljahr) | i.V. |
| 206 ■ | Deutschland (6. Schuljahr) | i.V. |
| 309 | Europa (7. Schuljahr) | 26,80 |
| | 143 Seiten, 13 StB, 34 AB, 21 FV | |
| 310 ■ | Bd. IV Die Welt (8. Schuljahr) | i.V. |
| 350 ■ | Die Weltmächte USA und UdSSR (9. Schuljahr) | i.V. |
| 352 ■ | Entwicklungsländer (9. Schuljahr) i.V. | |

### Arbeitslehre

Arbeitslehre 7, 8 und 9 sind nicht mehr lieferbar und werden ersetzt durch die entsprechenden Bände der Stundenbilder zu Themenkreisen

| | | |
|---|---|---|
| 464 ○ | Bd. I, Urproduktion | |
| 465 ● | Bd. II... | |

---

## STAATLICHES LINA-HILGER-GYMNASIUM
### BAD KREUZNACH

# JAHRES-ZEUGNIS

Elisabeth Mayer

geboren am 25. Mai 1977 in Bad Kreuznach

hat im Schuljahr 19 93/94 die Klasse 10 besucht.

| | | | |
|---|---|---|---|
| Verhalten: | 2 | Mitarbeit: | 2 |
| Religionslehre: | 3 | Mathematik: | 3 |
| Deutsch: | 1 | Physik: | 4 |
| Geschichte: | 2 | Chemie: | 3 |
| Erdkunde: | 2 | Biologie: | 3 |
| Sozialkunde: | 3 | Musik: | 1 |
| Englisch: | 2 | Bildende Kunst: (Gesamtnote) | 1 |
| Französisch: | 4 | Bildn. Gestalten: | 1 |
| Latein: | 2 | Werken: | 1 |
| Latein/Französisch: wahlfreier Unterricht | 2 | Text. Gestalten: | 3 |
| | | Sport: | |

Versäumnisse: 4 Tage

65

Bemerkungen: Elisabeth hat ihre schulischen Leistungen ...tlich verbessert.

Beethoven-Gymnasium Bonn

# Die Schule

**1  Meine Schule**
Ein Mädchen wird über ihre
Schule interviewt.
Hör zu. Lies den Text.

Ich besuche eine Realschule in der Stadt.
Die Schule beginnt um zehn vor acht. Da
ich in einem kleinen Dorf außerhalb der
Stadt wohne, muß ich ziemlich früh
aufstehen – normalerweise gegen halb
sieben. Ich fahre mit dem Schulbus hin.
Wir haben keine Uniform – ich trage
meistens Jeans und einen Pulli.
Wir haben fünf Stunden pro Tag.
Eine Stunde dauert vierzig Minuten und
eine Doppelstunde achtzig Minuten. Die
erste Pause beginnt um zehn vor zehn und
dauert zwanzig Minuten. Um zehn vor eins
gehe ich nach Hause und esse mit meiner
Mutter und meinem kleinen Bruder. Die
Nachmittage sind bei uns schulfrei – außer
Hausaufgaben natürlich!
Mein Lieblingsfach in der Schule ist
Deutsch, weil ich sehr gern lese und
schreibe. Ich treibe auch sehr gern Sport.
Ich gehe gegen halb zehn ins Bett.
Normalerweise bin ich sehr müde und
schlafe sofort ein.

**1A**  **2  Wie spät ist es?**

**3  Wie ist die Schule bei euch?**
Beschreib einen typischen Schultag.

Ich besuche ...
Ich stehe um ... auf.
Ich trage ... zur Schule.
Die erste Stunde beginnt um ...

Zu Mittag esse ich ...
Mein Lieblingsfach ist ...
Die Schule endet um ...

**4** **Großbritannien oder Deutschland?**

Ich muß sehr früh aufstehen!

Wenn ich schlechte Noten bekomme, bleibe ich sitzen.

Ich trage eine Uniform.

In der Mittagspause bleibe ich in der Schule und esse in der Kantine.

Die erste Stunde ist um neun Uhr zehn.

Ich trage meine alten Jeans und eine Lederjacke zur Schule.

Sport ist mein Lieblingsfach. Ich spiele besonders gern Handball.

Ich muß meine Hefte selber kaufen.

Die Schule ist um vier Uhr aus.

Ich habe den ganzen Nachmittag frei.

**5** Wie ist denn die Schule in Großbritannien und in Deutschland?
Was ist ähnlich? Und was ist anders?
Mach zwei Listen.

*Beispiel:*  **Großbritannien**                                  **Deutschland**
Ich trage eine Uniform.                                Ich trage keine Uniform.
Mit 16 macht man …                                     Mit 16 macht man die mittlere Reife.
Mit 18 macht man …                                     Mit 18 macht man das Abitur.
Der Schultag beginnt um …                              ...........................................
Der Schultag endet um …                                ...........................................
Ich bekomme Schulhefte und                             ...........................................
   -bücher kostenlos in der Schule.      ...........................................
Meine Schule ist ziemlich streng.                      ...........................................

1B 📼 **6** **Willkommen in unserer Schule!**

**7** **Miniprojekt**
Vergleiche die Schulen in Deutschland (bzw. Österreich, der Schweiz)
und Großbritannien.

# Schulmode

**1** Ein Kreuzworträtsel

 **2** Was tragen die Schüler?
Hör zu. Wer spricht?

a

b

c

d

 **3** Welche Uniform ist richtig?
Anke war letztes Jahr in Schottland.
Hör zu. Sie beschreibt die Schuluniform in der Schule ihrer Brieffreundin.
Welche Uniform ist richtig?

a

b

c

**4** Trägst du eine Schuluniform?
Wie findest du sie?

praktisch/unpraktisch?
modisch/altmodisch?
bequem/unbequem?
schön/häßlich?
klasse/schrecklich?

Welche Farbe hat deine Uniform? Gefällt sie dir?

**5** Beschreib deine Uniform.

| Ich trage | einen blauen Rock/Blazer/Pulli.<br>ein weißes Hemd.<br>eine schwarz-weiße Krawatte.<br>weiße Socken. |
|-----------|------------------------------------------------------------------------------------------------------------|

| Ich finde meine Uniform | praktisch/bequem/altmodisch. |
|-------------------------|------------------------------|

**6** **Für oder gegen Schuluniform?**
Was ist deine Meinung?

Ich trage lieber eine Schuluniform, weil ...
Ich trage lieber keine Uniform, weil ...

**7** **Miniprojekte**
● **Eine Schuluniformumfrage**

2B

● Entwirf deine eigene Schuluniform.
Du mußt erst deine Schulkameraden fragen, was sie am liebsten tragen würden.

*Beispiel:*

# Schulfächer

**1  Welche Schulfächer hast du?**
*Beispiel:* Ich habe Mathe.

**2  Welches Schulfach ist das?**
Hör zu.

1 Man lernt, wie man in Deutschland, Österreich und der Schweiz spricht – auch etwas über die Kultur.
2 Man lernt viel über Land und Leute, und wo alles liegt – Flüsse, Städte usw.
3 Man lernt, was in der Vergangenheit passiert ist, und manchmal auch warum.
4 Man lernt, wie Maschinen funktionieren.
5 Man lernt viel über Tiere und Pflanzen.
6 Man lernt, wie Chemikalien reagieren, wenn man sie zusammenmischt.

**3  Welche Schulfächer findest du wichtig? Und unwichtig?**

**4  Welches Fach ist wichtiger?**

| Ist...? Findest du...? Ich finde Findet er...? | Mathe Deutsch Physik Chemie | wichtiger als | Englisch Französisch Biologie Informatik |
|---|---|---|---|

**5  Welche Schulfächer findest du am wichtigsten?**

**6** **Welche Schulfächer sind besonders wichtig im Beruf?**

**7** **Stereotypen in der Schule**
Stimmt das? Ja oder nein?

- Mädchen sind fleißiger als Jungen in der Schule.
- Jungen sind besser in Physik als Mädchen.
- Mädchen sind besser in Fremdsprachen.
- Mädchen sind öfter krank und fehlen auch öfter in der Schule.
- Jungen können nicht gut nähen und kochen.
- Mädchen können nicht gut Fußball spielen.

Stimmt das bei euch? Frag deine Klassenkameraden.

 **8** **Lieblingsfächer**
Hör zu.
Was sind ihre Lieblingsfächer? Warum?

**9** Was lernst du am liebsten in der Schule? Warum?

Mein Lieblingsfach ist Deutsch, weil…
Ich lerne am liebsten Mathe, weil…
Ich lerne Physik sehr gern, weil…

**10** **Miniprojekt**
Was würdest du gern in der Schule lernen?
Erfinde deinen Traumstundenplan.

| Ich würde gern | Autofahren Automechanik Tanzen | lernen. |
|---|---|---|

Mathematik und Naturwissenschaften – nichts für Mädchen?

Schulreport befragte Lehrerinnen und Lehrer nach ihren Erfahrungen

Ist die Physik männlich?

Barbara Loos,
Max-Born-Gymnasium Germering

# Lehrer – ein Profil

**1 Ein Interview mit Lehrern**

   1 Wo wohnen Sie?

   2 Wo sind Sie geboren?

   3 Seit wann sind Sie hier an dieser Schule tätig?

   4 Wo war Ihre erste Stelle?

   5 Als Sie selber Schüler(in) waren, was war Ihr Lieblingsfach?

   6 Was ist Ihr Sternzeichen?

   7 Wann stehen Sie auf?

   8 Was machen Sie nach der Schule?

   9 Haben Sie schon Pläne für die Sommerferien?

 10 Wie würde Ihr Traumstundenplan aussehen?

Vielen Dank für das Interview!

Wie antwortet jeder?

| | |
|---|---|
| 1 | München  Berlin  Bonn  Bremen  Mainz |
| 2 | Salzburg  Starnberg  Koblenz  Bremen  Köln |
| 3 | seit ... einem Jahr  zwei Jahren  drei Jahren  vier Jahren  zwanzig Jahren |
| 4 | München  Berlin  Bonn  Bremerhaven  Bremen |
| 5 | Englisch  Physik  Sport  Geschichte  Chemie |
| 6 | Stier  Jungfrau  Widder  Fische  Löwe |
| 7 | 5.30  6.30  6.50  7.00  7.30 |
| 8 | Freunde treffen  Squash spielen  fernsehen  Kino  Tennis spielen lesen  Kneipen  Konzert |
| 9 | Ferienwohnung in Griechenland  ausschlafen und faulenzen  keine Pläne |
| 10 | Spaß haben  Kunst, Musik, Sprachen  Geschichte |

## 2 Im Lehrerzimmer
Lies die Beschreibungen. Wer ist das?

Herr Klempner ist Lehrer für Mathe. Er ist ziemlich groß und ungefähr 40 Jahre alt. Er hat große braune Augen und trägt eine Brille. Er hat einen Schnurrbart und auch eine Glatze. Er unterrichtet schon seit zwölf Jahren an der Schule.

Frau Müller ist Lehrerin für Religion. Sie ist ziemlich klein und auch ziemlich jung – ungefähr 28 Jahre alt. Sie unterrichtet seit einem Jahr an der Schule. Sie hat dunkle Augen, lange, blonde Haare, und sie ist sehr modisch und auch sehr sympathisch.

Frau Schricker ist Lehrerin für Physik. Sie ist ziemlich groß und schlank und sehr streng! Sie hat kurze, braune Haare und trägt eine Brille. Sie ist ungefähr fünfzig Jahre alt und unterrichtet seit zwanzig Jahren an der Schule.

Herr Rotfuchs ist Lehrer für Sport, und er unterrichtet schon seit fünfundzwanzig Jahren an der Schule. Er ist ungefähr fünfundfünfzig Jahre alt und hat graue Haare und einen grauen Schnurrbart. Er ist streng, aber auch sehr nett.

Herr Bauer ist Lehrer für Englisch. Er ist ziemlich groß und hat kurze, dunkle Haare und braune Augen. Er ist ziemlich streng und unterrichtet seit fünf Jahren an der Schule.

## 3 Miniprojekt
Beschreib die Lehrer in deiner Schule.
Mach ein ‚Lehrer-Lexikon' für die neuen Schüler.

# Schulstreß – kein Problem?

**1** Die Schule beginnt um 8.50.
Kommst du ...

a) um 7.30 in der Schule an?
b) um 8.49?
c) irgendwann dazwischen?

**2** Du hast einen Test in Mathe.
Hast du ...

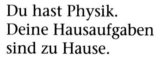

a) viel Spaß?
b) viel Angst?
c) den Test völlig
   vergessen?

**3** Du hast Physik.
Deine Hausaufgaben
sind zu Hause.

a) Bist du sehr nervös?
b) Tut es dir leid?
c) Fehlst du?

**4** Was machst du in der Pause?

a) Ich plaudere mit meinen
   Freunden.
b) Ich arbeite im
   Klassenzimmer
   oder in der Bibliothek.
c) Ich schlafe.

**5** Ein Tyrann klaut deine
Schultasche. Was sagst du?

a) ,Gib mir meine Tasche
   zurück, du @%$^&*£>!!'
b) ,B - b - bitte s - s - sehr.'
c) Nichts!

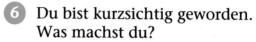

**6** Du bist kurzsichtig geworden.
Was machst du?

a) Ich sitze ganz vorne
   und hoffe, daß ich alles
   sehen kann.
b) Ich bleibe am alten Platz,
   aber schreibe alles vom
   Nachbarn ab.
c) Ich gehe zum Augenarzt
   und kaufe mir eine tolle Brille!

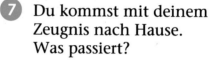

**7** Du kommst mit deinem
Zeugnis nach Hause.
Was passiert?

a) Großer Jubel!
b) Kein Gespräch beim Essen.
c) Das weiß ich nicht. Ich bin
   schon verschwunden.

**8** Wenn du ins Bett gehst,
wovon träumst du?

a) Von schlechten Noten.
b) Vom Himmel und von Engeln.
c) Vom Schulleiter.

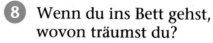

---

## Wie war es?

| | | | | | | | |
|---|---|---|---|---|---|---|---|
| 1 | a = 3 | b = 1 | c = 2 | 5 | a = 1 | b = 2 | c = 3 |
| 2 | a = 2 | b = 3 | c = 1 | 6 | a = 3 | b = 1 | c = 2 |
| 3 | a = 3 | b = 2 | c = 1 | 7 | a = 1 | b = 2 | c = 3 |
| 4 | a = 2 | b = 3 | c = 1 | 8 | a = 2 | b = 1 | c = 3 |

**19–24 Punkte:** Mensch! Du bist im Streß!

**13–18 Punkte:** Reg dich nicht so auf!

**8–12 Punkte:** Du bist ganz schön locker!

**2  Schwarzes Brett!**

**Hausaufgabenausreden!**
Welches Bild paßt?

**1** Der Hund/Die Katze/
Die Schildkröte hat
sie gegessen!

**2** Meine Schultasche
ist kaputt, und die
Hausaufgaben sind
herausgefallen!

**3** Ich war den ganzen
Abend im Klo
eingesperrt!

**4** Hausaufgaben?
Welche
Hausaufgaben?

5B  **3  Graffiti!**

Wer nichts lernt, kann nichts vergessen!

LIEBER SPORT AM SONNTAG ALS
MATHE AM MONTAG!

Der ideale
Lehrer raucht nicht,
trinkt nicht, spielt nicht
und existiert nicht!

Lieber eine Stunde Schule
als überhaupt keinen Schlaf!

Mein Lehrer muß dumm sein. Er stellt mir die ganze Zeit Fragen!

**4  Miniprojekt**
Schreib deine eigenen
Hausaufgabenausreden und Graffiti für
das Schwarze Brett.

## Checkliste

Ich kann ...
- einen typischen Schultag
  beschreiben.
- britische Schulen mit deutschen
  Schulen vergleichen.
- meine Schuluniform beschreiben.
- über meine Schulfächer sprechen.
- meine Lehrer beschreiben.

# Arbeitspraktikum

**Arbeitspraktikum** das; ~s, Praktika
period of practical work experience

**Betrieb** der; ~[e]s, ~e a) business; (Firma)
firm b) o. Pl. (das In-Funktion-Sein)
operation

**Eigenschaft** die; ~, ~en quality; characteristic; (von Sachen, Stoffen) property

**Ein · druck** der; ~[e]s, **Eindrücke** impression

**Fabrik** die; ~, ~en factory

**gefallen** unr. itr. V. a) das gefällt mir
(gut) I like it (a lot); b) sich (Dat.) etw.
~ lassen put up with sth.

**verantwortlich** Adj. responsible;
**Verantwortung** die; ~, ~en responsibility
(für for)

## Mein Arbeitspraktikum
Hör gut zu. Welches Bild paßt?

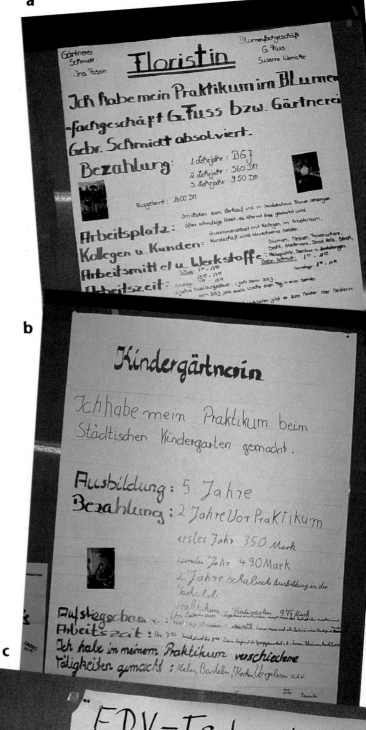

a

b

c

# Was für ein Mensch bist du?

**1** Was ist hier positiv? Was ist hier negativ?

positive
Eigenschaften

negative
Eigenschaften

| | | | |
|---|---|---|---|
| freundlich | arrogant | höflich | frech |
| unfreundlich | praktisch | optimistisch | selbstsüchtig |
| fleißig | ungeduldig | gut gelaunt | pessimistisch |
| launisch | geduldig | verantwortlich | faul |

**2** Wie bist du?

| Ich bin | immer<br>oft<br>manchmal<br>selten<br>nie | faul.<br>höflich.<br>frech.<br>pessimistisch.<br>freundlich. |
|---|---|---|

**1** **3** Du möchtest also einen Partner/eine Partnerin kennenlernen?

**2** **4** Was ist für dich wichtig im Beruf?

**5** Welche Eigenschaften sind für diese Personen wichtig?

Leuchtturmwärter

Pilotin

Bauer

Briefträgerin

*Beispiel*: Muß verantwortlich sein.

## 6 Beim Berufsberater
Hör zu. Diese Leute sind beim Berufsberater.
Was möchte jeder beruflich machen?

**1**

**2**

**3**

## 7 Partnerarbeit
Was möchtest du beruflich machen?

| | mit 16<br>mit 18 | die Schule verlassen. |
|---|---|---|
| Ich möchte<br>Er möchte<br>Sie möchte | | weiterstudieren.<br>zur Uni gehen.<br>zur Hochschule gehen. |
| | | Polizist(in) werden.<br>mit Kindern arbeiten.<br>um die Welt reisen.<br>mit 25 heiraten.<br>viele Kinder haben. |
| **Was ich später machen möchte? Keine Ahnung!** | | |

## 8 Miniprojekt
Dein Berufsberater(in)
möchte wissen, was für
Zukunftspläne du hast.
Schreib einen Bericht.

# Computer im Beruf

Computer findet man heute in allen Berufen:

im Büro

im Hotel

im Handwerksbetrieb

in der Arztpraxis

in der Produktionshalle

und auch zu Hause, wo Leute allerlei Arbeit machen!

**1** Hör gut zu. Sind diese jungen Leute für oder gegen Computer?

**2** Lies diese Texte, und hör noch einmal zu. Wer spricht?

**a**
Ich arbeite gern mit meinem Computer, aber ich merke schon, daß Computer schlecht für die Augen sind. Ich sitze nicht zu lange vor dem Bildschirm, sonst kriege ich Kopfschmerzen.

**b**
In unserer Zeit ist es nicht mehr möglich, ohne Computer zu arbeiten. Ich möchte später Krankenschwester werden, und dann muß ich bestimmt mit einem Computer arbeiten. Früher oder später wird es Computer in jedem Beruf geben.

**c**
Heute gibt es viele Autofabriken, wo fast keine Menschen mehr arbeiten. Es gibt nur computergesteuerte Fertigungsstraßen. Ich meine, daß Computer keine Arbeitsplätze gefährden sollten.

**d**
Mein Vater hat einen Computer in seinem Büro und verbringt sehr viel Zeit bei der Computerarbeit. Ich halte es aber nicht aus, an einem Platz zu sitzen – ich brauche Bewegung.

**e**
Das Arbeiten mit einem Computer ist wichtig, weil man dann nicht selber schreiben muß, und weil es einem den ganzen Schriftkram erspart.

**f**
Wenn man mit einem Computer arbeitet, muß man den ganzen Tag in geschlossenen Räumen verbringen. Ich mag Computer nicht – ich brauche frische Luft.

**4** Später im Beruf mit dem Computer arbeiten: Wie stehst du dazu?
Bist du für oder gegen Computer?

4 **5** **Computer – Segen oder Fluch?**

**6** **Btx-en – fast so einfach wie telefonieren**

Lies die Informationen.

*Was ist denn ‚Btx'?*

Ein vollintegriertes Kommunikationssystem, das über das Telefonnetz geht.

*Was für Geräte brauche ich?*

● Einen Telefonanschluß.
● Ein Btx-fähiges Endgerät, z.B. einen PC oder HC Computer.
● Eine Btx-Zugangsberechtigung von der Deutschen Bundespost.

*Was kann ich mit dem System machen?*

Unter den vielen Btx-Fähigkeiten nennen wir hier einige Beispiele:
● Mit Btx haben Sie einen direkten Draht zu Datenbanken.
● Mit Btx steuern Sie Ihre Bank- und Börsengeschäfte von zu Hause aus.
● Mit Btx haben Sie Zugang zum Telex-Netz.
● Mit Btx können Sie sich und andere stundenlang unterhalten.
● Mit Btx machen Sie spontan den schönsten Urlaub.
● Mit Btx können Sie sich über ein Thema ausführlich informieren.
● Über Btx kriegt man jede Menge Telesoftware.

**7** **Miniprojekt**
Dein(e) Freund(in) interessiert sich für das Btx System.
Tippe einen englischen Text über Btx im Computer, und lasse ihn drucken.

# Im Büro

Du machst dein Arbeitspraktikum in einem Büro.
Der Chef Mr. Allen spricht kein Wort Deutsch. Er hat viel für dich zu tun!

---

## MEMO

| | |
|---|---|
| From | M. T. Allen |
| To | Young person on work experience |
| Date | 7.3 |

I'm out of the office until tomorrow. Can you do the following for me in preparation for the forthcoming conference in Bonn, please?

1   Type letter booking accommodation for me in Bonn. Old letter enclosed for reference.

2   Make a list of possible flight times from London (Heathrow) to Köln/Bonn.

3   How do I get from airport to Bonn?

4   What else is there to do in Bonn? Can you make some suggestions?

5   Take messages from the answerphone as necessary.

Many thanks,

*M Allen*

MTA

---

*Bonn conference*
*Tues. 11 – Fri. 14. August*
*Accommodation for 2*
*Usual facilities*
*See hotel guide for details*
*of possible hotel (Astoria?)*

---

### falcon export LTD.

HARRIER WAY, OXFORD, OX2 3DJ

Oxford, den 20. Februar

Hotel Kaiserhof
Moltkestraße 64
W – 3000 Hannover.

Sehr geehrte Damen und Herren!

Ich habe vor, im März eine Messe in Hannover zu besuchen. Ich möchte ein Einzelzimmer mit WC, Bad, Telefon und Fernseher reservieren. Ich komme am 2. März und möchte vier Nächte bleiben.

Schicken Sie mir bitte Ihre Broschüre und Preisliste mit der Bestätigung meiner Reservierung.

Mit bestem Gruß

Ihr

Direktor

2 E 35/37 · Restaurant: gutbürgerliche Küche ▯▯

Seite 18 B 3

**Bonn** ✉ 5300 ☎ 02 28
Nordrhein-Westfalen · E 290000 · H 46-194 m · ℹ Presse- + Werbeamt ☎ (02 28) 77 34 66/67
E VISA

**★★ Arcade**
1 · Vorgebirgsstraße 33 · nördlich B 1 · ☎ (02 28) 7 26 60 · Fax 7 26 64 05 · ☎ 886 683
147 D 154 🛏 alle Dusche/Bad und WC · Fb
🔻 ▯ + 10-150 Personen · Hotelbar · Restaurant: internationale Küche ☑ Sa, So
E ▯ VISA

**★★ Astoria**
O 1 · Hausdorffstraße 105 · B 4 ① · ☎ (02 28) 23 95 07 · Fax 23 03 78 · ☎ 8 869 992
17 E 90/120 🛏 32 D 120/160 🛏 alle Dusche/Bad und WC
🔻 ▯ (nur Abendessen) ▯ ▯
🔻 ▯ ▯ + bis 25 Personen ▯ ▯
E ▯ ▯ VISA

**★★★ Auerberg (g)**
1 · Kölnstraße 362 · nördlich C 1 · ☎ (02 28) 67 10 31 · ☒ 20. 12. bis 6. 1.
24 E 93 🛏 ▯ 6 D 135/148 🛏 alle Dusche/Bad und WC
🔻 ▯ ▯ ▯ 5x10 m
E ▯ ▯ VISA

**★★ Beethoven**
1 · Rheingasse 26 · C 2 ② · ☎ (02 28) 63 14 11 · Fax 69 16 29 · ☎ 886 467 teils Dusche/Bad und WC · Fb
19 E 69/139 🛏 40 D 139/159 🛏 alle Dusche/Bad und WC · Fb
🔻 ▯ ▯ + bis 30 Personen · Restaurant: klassische Küche ☑ Sa

**★ Bergischer Hof**
1 · Münsterplatz 23 · B 1 ③ · ☎ (02 28) 63 34 41/2 teils Dusche/Bad und WC
8 E 49/84 🛏 20 D 89/120 🛏 alle Dusche/Bad und WC
🔻 ▯ + 20-80 Personen · Restaurant: internationale Küche
E ▯ ▯ VISA

**★★★★★ Bristol**
O 1 · Poppelsdorfer Allee · B 2 ④ · ☎ (02 28) 2 69 80 · Fax 2 69 82 22 · ☎ 8 869 661 · 5 Appartements 520/1500 alle
70 E 270 🛏 45 D 340/370 🛏 ▯ 5x10 m + 40-550 Personen · Hotelbar
Dusche/Bad und WC · ▯ ▯ (nur Abendessen), „Hofkonditorei Bierhoff" ☑ So ▯ ▯
Restaurant: „Majestic", „Kupferklause" (nur Abendessen), „Hofkonditorei Bierhoff" ☑ So ▯ ▯
E ▯ ▯ VISA

**★★★ Consul (g)**
1 · Oxfordstraße 12 · B 1 ⑤ · ☎ (02 28) 7 29 20 · Fax 7 29 22 50 · alle Dusche/Bad und WC · Fb
40 E 110/130 🛏 50 D 160/190 🛏 alle Dusche/Bad und WC · Fb
🔻 ▯ ▯ · Hotelbar
E ▯ ▯ VISA

**★★ Continental (g)**
1 · Am Hauptbahnhof 1 · B 2 ⑥ · ☎ (02 28) 63 53 60 · Fax 63 11 90 · ☒ 22. 12. bis 10. 1.
23 D 180/240 🛏 alle Dusche/Bad und WC · Fb
12 E 125/170 🛏 + bis 20 Personen

### Omnibuslinien

640 **Bonn Hauptbahnhof** – Beuel – Schwarzrheindorf – Geislar – **Menden** – Sankt Augustin-Mülldorf – **Siegburg**

664 **Stadtverkehr Bad Honnef:** Rhöndorf (Stadtbahn) – Bad Honnef Mitte – Selhof – **Bad Honnef** (Stadtbahn)

670 **Flughafenzubringer Flughafen Köln/Bonn:** Bonn Hauptbahnhof – Verdistraße – **Flughafen Köln/Bonn**

708 Hersel – Bornheim – Waldorf – Rösberg – Merten – **Sechtem**

800 **Bonn Hauptbahnhof** Ⓤ – Duisdorf – Witterschlick – **Rheinbach** – Swisttal-Odendorf – *Euskirchen*

802 **Euskirchen** – **Rheinbach-Kurtenberg** – **Rheinbach-Hilberath** *Euskirchen – Kirchheim – Euskirchen – Steinbachtalsperre*

# Flugplan Köln/Bonn ✈ Köln Bonn

Flughafen Köln/Bonn GmbH, Postfach 98 01 20, 5000 Köln 90
Information: Telefon 0 22 03/40 40 01 / 40 40 02

### Linienverkehr

| ab | Flug-Nr. | Tag | Ankunft Köln/Bonn Zeit | von | nach Zeit | Abflug Köln/Bonn Tag | Flug-Nr | an |
|---|---|---|---|---|---|---|---|---|
| 06.30 | BA 3001 | Mo–Fr | 07.35 C | | 08.05 | Mo–Fr | BA 3002 | 09.05 C |
| 08.30 | BA 3003 | tgl | 09.35 C | | 10.05 | tgl | BA 3004 | 11.05 C |
| 11.30 | BA 3005 | tgl a.So | 12.35 C | Berlin | 13.05 | tgl a.So | BA 3006 | 14.05 C |
| 13.30 | BA 3015 | tgl | 14.35 C | | 15.05 | tgl | BA 3024 | 18.05 C |
| 15.30 | BA 3023 | tgl a.Sa | 16.35 C | | 17.05 | tgl | BA 3026 | 20.05 C |
| 17.30 | BA 3025 | tgl | 18.35 C | | 19.05 | tgl | BA 3028 | 22.05 C |
| 19.30 | BA 3027 | tgl a.Sa | 20.35 C | | 21.05 | tgl a.Sa | | |
| 09.20 | EE 502 | Mo–Fr | 10.15 C | Bremen | 08.05 | Mo–Fr | EE 501 | 09.05 C |
| 20.00 | EE 504 | Mo–Fr | 20.50 C | | 18.45 | Mo–Fr | EE 503 | 19.40 C |
| 09.00 | QU 734 | Mi | 18.00 B | Entebbe | 19.00 | Mi | QU 734 | 07.40 B |
| | | | | | 07.25 | tgl | LH 141 | 08.05 B |
| 09.40 | LH 142 | Mi, So | 10.20 B | | 10.50 | Di, Sa | LH 145 | 11.40 B |
| 09.40 | LH 417 | Mo Di Do–Sa | 10.20 B | Frankfurt | 10.55 | ... | LH 416 | 11.40 B |
| 13.20 | LH 146 | tgl | 14.00 B | | 14.35 | tgl | LH 149 | 15.15 B |
| 16.45 | LH 150 | tgl | 17.25 B | | 19.20 | tgl | LH 143 | 20.00 B |
| 21.30 | LH 154 | tgl | 22.10 B | | | | | |
| 07.30 | LH 320 | Mo–Fr | 08.25 B | | 06.55 | Mo–Fr | LH 321 | 07.50 B |
| 08.15 | LH 5318 | So | 09.35 B | | 08.55 | tgl a.So | LH 325 | 09.50 B |
| 09.30 | LH 324 | Mo–Fr | 10.25 B | | 10.00 | So | LH 5319 | 11.25 B |
| 11.30 | LH 5322 | Sa | 12.50 B | Hamburg | 11.05 | Sa | LH 5321 | 12.25 B |
| 14.30 | LH 328 | Mo–Fr | 18.00 B | | 12.55 | Mo–Fr | LH 329 | 13.50 B |
| 16.45 | LH 5328 | Sa | 18.00 B | | 15.00 | Sa | LH 5323 | 16.15 B |
| 17.30 | LH 332 | tgl a.Sa | 21.45 B | | 15.55 | Mo–Fr | LH 5327 | 19.45 B |
| 20.50 | LH 338 | tgl a.Sa | | | 18.30 | Sa | LH 333 | 16.15 B |
| | | | | | 18.55 | tgl a.Sa | LH 337 | 19.45 B |
| 12.25 | NS 124 | Mo–Fr | 13.20 C | Hannover | 06.45 | Mo–Fr | NS 121 | 07.40 C |
| 19.00 | NS 128 | Mo–Fr | 19.55 C | | 13.50 | Mo–Fr | NS 125 | 14.45 C |
| 09.40 | TK 671 | Sa, So | 11.55 C | Istanbul | 12.55 | Sa, So | TK 672 | 16.50 C |
| 17.45 | TK 673 | Mo, Fr | 20.00 C | | 21.00 | Mo, Fr | TK 674 | 00.55 C |
| 11.55 | TK 677 | Sa | 14.00 C | Izmir | 15.00 | Sa | TK 678 | 18.45 C |
| 09.00 | BA 742 | tgl | 11.15 C | | 07.35 | tgl | LH 1638 | 07.55 C |
| 14.40 | LH 1641 | tgl | 16.50 B | London | 12.00 | tgl | BA 743 | 12.10 C |
| 17.25 | LH 1641 | tgl | 19.30 B | | 17.25 | tgl | LH 1642 | 17.45 B |
| 20.50 | LH 1643 | tgl | 23.00 B | | 20.30 | tgl | BA 745 | 20.40 C |
| 16.00 | EE 503 | Mo–Fr | 18.30 C | Lyon | 10.30 | tgl | EE 502 | 16.25 B |
| 13.25 | LH 1885 | tgl | 17.35 B | Madrid | 12.05 | tgl | | |
| 09.30 | LH 5541 | tgl a.So | 11.20 B | Mailand | 06.50 | tgl a.So | LH 5540 | 08.45 B |
| 18.25 | AZ 460 | tgl a.Sa | 20.20 B | | 06.10 | tgl a.Sa | AZ 461 | 22.50 B |
| 06.30 | LH 963 | tgl | 07.35 B | | 07.35 | Mo–Fr | LH 962 | 08.05 B |
| 07.30 | LH 965 | tgl a.So | 08.35 B | | 08.05 | Mo–Fr | LH 964 | 09.05 B |
| | | | 10.35 B | | 09.05 | tgl | LH 966 | 10.05 B |
| | | | | | | | LH 968 | 12.05 B |

**Taxi**
Funktaxizentrale: Tel.: 55 55 55

**Zubringerdienst zum Flughafen**
Bonn, ab Hauptbahnhof (ZOB) 5.40, 6.40, 7.10 usw. bis 21.40 halbstündlich und 22.30
Ab Flughafen nach Bonn 6.50, 7.30, 8.00, 8.30, 9.00 usw. bis 22.30 Uhr halbstündlich und 23.10
Fahrzeit 30 Minuten
Einzelfahrscheine (keine Rückfahrscheine)
Erwachsene: 4.80 DM + 2.40 DM (Schnellbuszuschlag) =
**7.20 DM**
Kinder:
(bis 12 Jahre) 2.40 DM + 2.40 DM (Schnellbuszuschlag) =
**4.80 DM**

# Wie war es beim Arbeitspraktikum?

**1** **Hat dir dein Arbeitspraktikum Spaß gemacht?**
Hör zu. Wie war es für diese Schüler und Schülerinnen?

1 Ich habe zwei Wochen im Kindergarten verbracht. Ich sollte zunächst nur beobachten, aber ich konnte auch manchmal eine kleine Gruppe beim Basteln betreuen. Das hat mir Spaß gemacht, aber die Arbeit mit Kindern kann auch ganz schön stressig sein.

2 Ich habe als Hilfskraft in einem Büro gearbeitet. Ich mußte zum Beispiel Briefe tippen, Akten und Dokumente ablegen und Telefonanrufe machen. Das war nicht schlecht, aber ich möchte das nicht später für immer machen.

3 Mein Praktikum war Klasse. Ich war in einer Kfz–Werkstatt, und gleich am ersten Tag konnte ich im Abschleppwagen mitfahren. Ein Auto ist liegengeblieben, und wir haben es auf den Anhänger geschoben und zur Werkstatt gebracht. So könnte jeder Tag ablaufen.

4 Ich habe im Tierpark gearbeitet. Ich weiß, das ist etwas ungewöhnlich, aber ich habe Tiere sehr gern und möchte Tierärztin werden. Unter anderem mußte ich einigen Tieren ihr Futter geben, und ich war dabei, als ein Löwenjunges geboren wurde. Das hat mir sehr gefallen.

5 Ob es mir Spaß gemacht hat? Im Gegenteil – das war totlangweilig. Ich habe im Café gearbeitet – das war für mich das erste Mal und auch das letzte!

**2** Was meinen die Schüler und Schülerinnen? Mach zwei Listen unter diesen Titeln.

| positive Eindrücke | negative Eindrücke |
| --- | --- |
| *Beispiel:*<br>Das hat mir Spaß gemacht. | Die Arbeit kann auch stressig sein. |

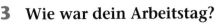

**3  Wie war dein Arbeitstag?**

Sieh dir die Bilder an.

Finde die richtige Reihenfolge für diese Sätze.
Die richtige Reihenfolge ist auf der Kassette.

a  Um 13 Uhr habe ich in der Kantine
   gegessen. 6

b  Ich habe in einem Büro gearbeitet. 3

c  Ich habe um 8 Uhr das Haus verlassen. 2

d  Ich bin um 8.30 bei der Arbeit
   angekommen. 4

e  Ich bin um 7 Uhr aufgestanden. 1

f  Ich bin um 22 Uhr ins Bett gegangen. 9

g  Um 11 Uhr habe ich eine Kaffeepause
   gehabt. 5

h  Ich bin um 17 Uhr nach Hause gefahren. 7

i  Ich habe den ganzen Abend ferngesehen. 8

**5 | 4  Eine Arbeitspraktikumumfrage**

| In meinem Arbeitspraktikum war ich bei ... . |
| --- |

| Ich habe mit Frau/Herrn ... gearbeitet. |
| --- |

| Ich habe | in einem Büro<br>in einer Fabrik<br>in einer Schule<br>in einem Krankenhaus<br>mit Computern | gearbeitet. |
| --- | --- | --- |

| Ich habe | viel<br>ein bißchen<br>kein Wort | Deutsch<br>Französisch<br>Spanisch | gesprochen. |
| --- | --- | --- | --- |

| Die Arbeit hat mir | sehr gut<br>gar nicht | gefallen. |
| --- | --- | --- |

## Checkliste

● Ich kann 5 gute und 5 schlechte
  Eigenschaften nennen.

● Ich kann meine Berufspläne
  beschreiben.

● Ich habe die Bürosimulation
  gemacht.

● Ich kann eine Hotelreservierung
  machen.

● Ich kann die Vor- und Nachteile
  von Computern besprechen.

● Ich kann meine Erlebnisse
  beim Arbeitspraktikum
  beschreiben.

**5**  Sprich es auf Kassette.

# Medien

**Moderator** der; ~s, ~en, **Moderatorin** die; ~, ~nen *(Rundf., Ferns.)* presenter; **moderieren** *tr. V. (Rundf., Ferns.)* present *(programme)*

**Nachricht** die; ~, ~en a) news *no pl.;* eine ~ hinterlassen leave a message; b) *Pl. (Ferns., Rundf.)* news *sing.;* ~en hören listen to the news

**Sendung** die; ~, ~en a) consignment; b) *(Rundf., Ferns.)* programme

**Unterhaltung** die a) *o. Pl. (Versorgung)* support; b) *o. Pl. (Instandhaltung)* maintenance; c) *(Gespräch)* conversation; d) *(Zeitvertreib)* entertainment

**Werbung** die, ~ : advertising; **für etw.** ~ **machen** advertise sth.

**Zeitschrift** die; ~, ~en magazine; *(bes. wissenschaftlich)* journal; periodical

**Zeitung** die; ~, ~en [news]paper

**Zukunft** die; ~ : future

## LEBENSART *bestseller*

Hör zu mit BUNTE:

### Privatradios: Wer hat den besten Sound? Wer quält das Ohr?

Peter Pelunka

**1. Star-SAT '89-Hit FM München:** Sorgt für hohe Einschaltquoten: Starmoderator Peter Pelunka mit dem "Flohmarkt". Musik: Dancefloor, Pop, Hits und Oldies.

Thomas Gottschalk

**2. Radio Xanadu 93,3 München:** Thomas Gottschalk ist der Shootingstar des Senders. Moderiert 3-mal die Woche. Musik: bester Classik Rock der 70er. Da vibrieren die Lauscher ...

Tobias Geißner

**3. RTL Radio UKW 100,7 Stuttgart:** Top: Moderator Tobias Geißner (28), hält den Sender in Schwung. Macht Funk seit 4. Lebensjahr. Musik: dem Gymnasiastenrock (New Kids on the Block, usw.)

Kurzke, Diana Hartmann

**4. Radio FFH UKW 100,2 (Frankfurt):** Musik von ABBA bis Zappa. Hessen hinhören: Hitmarathon vom 17. bis 21. Mai. Diana Hartmann, 31, und Wolfgang Kurzke, 41, servieren 87 Stunden die Tophits.

Loses Mundwerk: Elmar Hörig

**5. SWF 3 UKW 101,1 Baden-Baden:** Wird von Basel bis Bonn gehört. Obwohl öffentlich-rechtlich: Die lockersten DJs, die heißesten Scheiben. Mikrostar: Elmar Hörig, 41.

R SH
Radio Schleswig-Holstein
Starreporter im Norden: Peter Wüst

**6. Radio Schleswig-Holstein. RSH. UKW 102,9:** Nr. 1 an der Küste. Musik: Heino bis Prince. Starreporter: Peter Wüst (kommt von "BILD").

**7. Radio Hamburg UKW 103,6:** 1. Privatsender der Stadt. 50 Mitarbeiter auf 180 qm Studiofläche. Bester Moderator: Stefan Fritzsche (28). Musik: Mix aus Ethno Beat, Rap.

Stefan Fritzsche

**8. Radio 100,6 Berlin:** Hörer von 15 bis 50. Starmoderator Uwe Schneider mit "School's out" (14–16 Uhr)

# Kabel-Programme

**16 Uhr**

| | |
|---|---|
| ...s hits. Mit Paul King | |
| ...ir. Musikshow live | MTV |
| ...Villes Ouvertes | Super |
| ...Centrum West, | TV 5 |
| ...am (15) Serie | WDR 3 |
| ...Serie | PRO 7 |
| ...zweiter Hand | BR 3 |
| ...Bahndamm | |
| ...des Tanzes | 3sat |
| ...ten erzählt (5) | |
| ...uropas | |
| ...bericht | WDR 3 |
| ...los. Serie | PRO 7 |

**...hr**

| | |
|---|---|
| ...ier | |
| ...gia Tech | Sport |
| ...Scheriffa | Euro |
| ...K. Backer | MTV |
| ...rie | BR 3 |
| ...Serie | PRO 7 |
| ...tips | MTV |
| ...Kinder | 3sat |
| ...erswo | BR 3 |
| | 3sat |
| | MTV |
| | Euro |
| | PRO 7 |

**19 Uhr**

19.00 Drama / Inside Edition
19.00 Motorsport news / News — Super
19.00 Aktuelle Stunde — Euro
19.00 Leichtathletik: Inter- — WDR 3
nationales Sportfest in Koblenz — Sport
19.00 Ruck Zuck / Hopp oder Top — TELE 5
19.00 Yo! / Dial MTV / Videos
19.00 À votre santé Bordeaux — MTV
München sieht seine Partnerstadt — BR 3
19.20 Clin d'oeil / Le 19/20 — TV 5
19.30 Der Alte: Konkurs. Krimireihe — 3sat
19.30 Null Bock auf Kirche. Bericht 1 Plus
19.45 Supergrips. Quiz — BR 3

**20 Uhr**

20.00 Automobilsport: Rennen
der US-Tourenwagen — Sport
20.00 Gymnastik: Höhepunkte
der WM in Indianapolis — Euro
20.00 Le chant du cerf
Dokumentation über Hirsche — TV 5
20.00 Prime / Supersport news — Super
20.00 **Weißer Oleander** — WDR 3
**Film** Inhalt siehe Filmleiste
20.15 Diplomat im Lutherrock — BR 3
20.15 Inselreportagen: Usedom — 1 Plus
20.15 **Kauf dir einen bunten** — PRO 7
**Luftballon**
Inhalt siehe Filmleiste
20.15 Koffer Hoffer. Show
20.30 Bauen, wohnen, leben (12) — TELE 5
20.45 Grenzenloser Kontinent — 3sat
Antarktika (1) Die südlichste — 1 Plus
Oase der Welt. DFF-Bericht

**21 Uhr**

21.00 Documentary / Business
21.00 Inside Track: Formel 1- — Super
Magazin. Großer Preis von Monza — Sport
21.00 Mountainbike: Weltcup — Euro
21.00 Journal / Santé la une — TV 5
21.00 Zur Sache / Kulturjournale — 3sat
21.05 **Eine Frau zum Verlieben** — TELE 5
**Film** Inhalt siehe Filmleiste
21.15 Der Rest, der bleibt. TV-Film 1 Plus
21.20 Polizeiinspektion 1
21.30 Reiten aus Salzburg — BR 3
Fahren mit Gespann — Euro
21.45 Tatort. Krimi mit W. Richter
21.50 Linie K. Kulturmagazin — BR 3 / WDR 3

**22.0...**

| | |
|---|---|
| | 22.0... |
| | 22.0... |
| News / USA market | 22.0... |
| Zeit im Bild. Nachrichten | 22.10 |
| Hawk. Actionserie | 22.20 |
| August Strindberg (1) | |
| Ein Leben zwischen Genie | |
| und Wahn | |
| **Der rote Monarch** | 22.25 |
| Inhalt siehe Filmleiste | |
| Fußball: EM '92 | 22.30 |
| The Perils of Pauline | 22.45 |
| US-Filmkomödie mit Betty Hutt... | |
| Szene D. Magazin | 22.50 |
| **Zum Teufel mit den Kohlen** 1... | 22.50 |
| Inhalt siehe Filmleiste | **Film** |

**23 Uhr**

23.00 Journal / Archives musicales
23.05 **Amok**
**Film** Inhalt siehe Film...
23.15 At the mov...
23.20 Cinemath...
23.20 Das Holz. Do...
23.20 Auf den Spure...
Uwe Johnson...
23.30 Golf: European ...
Turnier in Paris
23.30 Eurosport news
23.30 News / 3 from 1

**0 Uhr**

0.00 Blue night / Mix Bis 6.0...
0.00 Eishockey: Canada Cup...
1. Halbfinale Bis 2.00 U...
0.00 Post modern / Videos
0.05 Niemand ist sich seiner sic...
Live: Ars Electronica '91
0.10 Letzte Nachrichten
0.20 Hulk. Serie
0.25 Tagesthemen / Nachrichten
1.05 Spenser. KrimiSerie
1.10 Worldnews. Nachrichten
1.40 Ruck Zuck '88. Rückblick
1.55 **Fellinis Satyricon**
**Film** Inhalt siehe Filmleiste
2.05 Video nonstop Bis 6.05 Uhr
3.00 Night videos Bis 7.00 Uhr
4.00 Unwahrscheinliche
Geschichten. Gruselserie

| ...n Krokodil zum Küssen | SAT 1 |
|---|---|
| ...ödie mit Paul Hogan (1985) | |
| ...nik. Ein wahrer Naturbursche | |
| ...gerät in eine völlig fremde | |
| (105 Min.) ★★★★ | |
| ...er Wolf | RTL |
| ...k Norris (1982) | |
| ...as-Ranger McQuade, wird | |
| ...gendealer Rawley (David | |
| (110 Min.) ★★★ | |
| ...akely (1983) | 3sat |
| ...s Despoten Josef Stalin | |
| ...e Diktatur und Stalins | |
| (100 Min.) ★★★ | |
| ...len | 1 Plus |
| ...ryor (1985) | |
| ...wartet Baseballprofi | |
| ...das „Taschengeld" | |
| ...5 Min.) ★★★ | |

**23.05 Das Doppelleben der Sister George** SAT 1
US-Filmgroteske mit Beryl Reid (1968)
Die lesbische Schauspielerin June verliert ihre Rolle in einer
TV-Serie. Dann ertappt sie ihre Freundin bei einer Seiten-
sprung. Ihr Leben gerät aus den Fugen. (140 Min.) ★★★★

**23.30 Warten in der Dämmerung** ZDF
Ind. Politfilm mit Premji (1988)
Ein südindisches Dorf. Täglich sitzt ein alter Mann an einer
Bushaltestelle, wartet auf seinen vermißten Sohn. Dann
kommt schreckliche Kunde aus der Stadt. (105 Min.) ★★★

**0.00 Im Jahr des Drachen** RTL
US-Thriller mit Mickey Rourke (1985)
Stanley White, ein brutaler Polizist, wird nach Chinatown
versetzt. Er soll die Drogenmafia im berüchtigten New Yorker
Chinesenviertel zerschlagen. (130 Min.) ★★★

**1.55 Fellinis Satyricon** 1 Plus
It.-frz. Spielfilm mit M...
Rom zur Zeit des Kai...
Ascytus (Hi...

## Nachrichten

### Walesa verschenkt Gold

**Warschau** – Präsident Walesa hat den in
Finanznot steckenden Schulen 3,5 Kilo
Goldschmuck geschenkt. Die Halsket-
ten, Armbänder, Uhren, Ohrringe und
Broschen gehörten der ehemaligen
kommunistischen Führung.

### Gorbis Schulden

**Saarbrücken** – Die Sowjetunion steht
bei den deutschen Banken mit 37,4 Mil-
liarden Mark in der Kreide, hat das
Institut für ostwissenschaftliche Studie...
ausgerechnet. Bisher seien aber noc...
alle Kreditraten pünktlich eingega...
gen.

### Neues Rad nach Unfall

**Düsseldorf** – Besitzer nagelneuer...
räder können nach einem Unfa...
Schadensverursacher nicht nur...
paratur, sondern den vollen Neupreis
ihres Rades verlangen (Amtsgericht
Warendorf, Az: 5 C 194/90).

### Für Neuwagen 30 000 Mark

**Frankfurt** – Für einen Neuwagen gaben
die Bundesbürger im vergangenen Jahr
im Schnitt 30 000 Mark aus – sechs Prozent mehr als im Vorjahr. Gründe: neben
Preisanstieg der Wunsch nach größeren
und besseren Autos.

**1  Welche Medien sind für Sie wichtig?**
Hör zu. Was ist für jeden wichtig?

ZEITSCHRIFTEN       RADIO

FERNSEHEN

ZEITUNGEN

# Radio und Fernsehen

 **1A** **2** Was hörst du gern im Radio?

**1B** **3** Eine Radioumfrage

 **2** **4** *99 Luftballons*

 **5** Auf einer Wüsteninsel
Diese drei jungen Leute werden über ihre Lieblingsmusik interviewt. Hör zu. Welches Lied würde jeder auf eine Wüsteninsel mitnehmen?

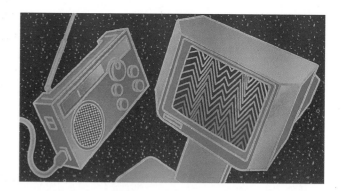

**Interviewer:** – Was für Musik hört ihr gern?

**Ellen:** – Ich höre gern Rockmusik. Ich schwärme für *die Skorpions*. Ich war einmal bei einem *Skorpions*-Konzert in Köln, und das fand ich wirklich toll. Die Musik war wirklich laut – ich konnte drei Tage danach kaum 'was hören. Ich kaufe alle ihre Platten.

**Felix:** – Was für Musik mag ich? Also, ich höre gern klassische Musik. Mein Lieblingsstück ist *Die vier Jahreszeiten* von Vivaldi. Ich sammle gern CDs und habe über 50 in meiner Sammlung. Ich habe einen Hifi-Turm in meinem Schlafzimmer, und dort höre ich meine Musik.

**Simone:** – Ich höre gern Popmusik. Ich habe keine Lieblingsgruppe, sondern ich finde allerlei Sorten von Tanzmusik gut. Ich gehe vielleicht zweimal pro Monat mit meinen Freunden in die Disko. Dort kann man die allerneuesten Lieder hören.

**Interviewer:** – Welches Lied würdest du auf eine Wüsteninsel mitnehmen?

**Ellen:** – Ich würde ein Lied von den *Skorpions* mitnehmen.

**Felix:** – Ich würde *Die vier Jahreszeiten* mitnehmen.

**Simone:** – Ich würde das Lied *99 Luftballons* mitnehmen.

**6** Miniprojekt
Macht eure eigene Radiosendung in Gruppen entweder live oder auf Kassette.

| Ich höre Radio, | während | ich unterwegs bin.<br>ich im Auto bin.<br>ich in der Badewanne liege. |
|---|---|---|

| Ich würde | ein Lied von den *Skorpions*<br>*Die vier Jahreszeiten* | mitnehmen. |
|---|---|---|

**7** **Was läuft im Fernsehen heute abend?**
Sieh dir die Fernsehseite an.

> **In welchem Programm läuft ... ?**
> **Im ersten/zweiten/dritten Programm.**

**1** Programm
ARD

**2** Programm
ZDF

**3** Programm
WDR

**18.00 Lächelnd liegt vor uns das Tal.** Die irische Westküste
Lief am 9. 1. 82 in Südwest 3
**18.45 Medikamente – Aus der Retorte oder aus der Natur?**
(7; SWF/BR) 13tlg. Reihe
Lief am 5. 11. 89 in Südwest 3
**19.00 Biedermeier-Kaleidoskop**
(3; SWF) Heute: 1830–1833
Lief am 22. 4. 86 in Südwest 3
**19.30 Omas Küche und unsere Küche von heute** (3) (BR)
Lief am 26. 4. 80 in Bayern 3 –
Bayern-3-Wh.: 8. 6. 88
**19.45 Rückblende** (WDR)
Vor 80 Jahren: „Hitzefrei!"
Baden wird Freizeitvergnügen. Von Lucie Herrmann
Lief am 31. 7. 91 in West 3
**20.00 Tagesschau**
**20.15 Partner** (BR)
Fernsehfilm von Noël Robinson. Mit Gustl Halenke, Dieter Hufschmidt, Richard Münch, J.-P. Zola u. a.; Regie: Eberhard Itzenplitz
ARD: 22. 10. 74 – Wh.: 3. 12. 76
Roni (Gustl Halenke, Foto) reist das erste Mal seit ihrer Hochzeit alleine. Auf der Suche nach einem Hotelzimmer in Paris lernt sie Martin kennen. Sie erzählt ihm von ihrem Mann, einem international bekannten Professor.

**21.20 Allerhand: Bilder, Menschen und Geschichten** (HR) Magazin aus Frankfurt
ARD-Erstsendung: 7. 5. 91
**21.50 Anders als die anderen** (Tea and sympathy) US-Spielfilm, 1956. Mit Deborah Kerr, John Kerr u. a.; Regie: Vincente Minnelli
ARD-Erstsendung: 18. 1. 71
**118 Min**
**23.50 Tagesthemen**

**16.00/17.30/0.45 Nachrichten**
**5.45 Meine drei Söhne 6.10** So ein Affentheater! **6.35** Richmond Hill **7.20** Sheriff Cade **8.10** Trick 7 **9.00** Der Junge vom anderen Stern **9.50** Shane **10.45** Sheriff Cade **11.30** Chaos hoch zehn **11.55** Harrys wundersames Strafgericht. Comedy-Serie
**12.20 Der Magier.** Krimiserie
**13.10 Ashanti.** Spielfilm-Wh.
**15.10 Trick 7.** Trickfilme
**16.10 Planet der Affen.** Serie
**17.05 Chaos hoch zehn.** Serie
**17.45 Tennis, Schläger und Kanonen.** Krimiserie
**18.35 Trick 7.** Trickfilme
Mit: Ein Job für Superman, Karate Kid, Bugs Bunny, Familie Feuerstein
**20.15 Der gnadenlose Ritt** (A time for killing)
**75 Min** US-Spielfilm, 1967. Mit Glenn Ford, George Hamilton, Inger Stevens, Timothy Carey; Regie: P. Karlson
Südstaaten-Offizier Bentley führt einen Haufen Soldaten an, die 1865 aus einem Nordstaaten-Gefangenenlager ausbrechen. Sie nehmen Emily Biddle als Geisel mit. Deren Verlobter, Major Wolcott (G. Ford, Foto) folgt ihnen.
**21.40 Raffica – Tiger der Wüste**
**82 Min** (Raffica) Ital.-span.-ägypt. Spielfilm, 1980. Mit Robert Hoffmann, Marilu Tolo, Pepé Calvo, Kamal Chenaoui u. a.; Regie: Paolo Heusch
Raffica (R. Hoffmann, Foto), Sohn eines Nomadenfürsten und einer französischen Adeligen, verhilft seinem Vater zum Sieg über einen machthungrigen Scheich. Wird er auch bei der schönen Prin-

**14.00** Videotext
**14.15** West 3 aktuell
**14.20** FensterPlatz
**15.25** Ente Lippens
Film von Uwe Kersken
**15.55** West 3 aktuell
**16.00** Zapp Zarapp (22)
**16.30** Die blöden Erwachsenen dürfen alles
Spielfilm für Kinder
**17.45** Objektiv gesehen?
Akt. Bildberichterstattung
**18.01** Lassies Abenteuer (37)
**18.30** Du und Dein Tier
Berichte aus der Welt der Haustiere. Moderation: Sabine Hartelt (Wh.)
**19.00** Aktuelle Stunde / Sport
**20.00** Eine Straße in . . . Szczecin und Barcelona. Film
**20.45** Miami Vice. Krimiserie
**21.30** West 3 aktuell
**21.45** Bitte streitet euch nicht
Scheidungskinder zwischen Haß und Liebe. Bericht von Uwe Pohlig und Elisabeth Montet
**22.45** Satirefest
(VPS: 22.44) Mit Hans Lieberg, dem V.E.V.-Kabarett
**23.15** Die Wiederkehr des Sherlock Holmes (6)
7tlg. engl. Fernsehserie. Heute: Der Mann mit dem schiefen Mund. Mit Jeremy Brett, Edward Hardwicke, u. a.; Regie: Patrick Lau
**0.05** Nachrichten / Zur Nacht

Um wieviel Uhr und in welchem Programm gibt es:

**a** eine Sportsendung?
**b** einen Krimi?
**c** Nachrichten?
**d** einen Film?
**e** einen Trickfilm?
**f** eine Kindersendung?
**g** eine Serie?
**h** einen Bericht?

# Werbung

**1 Radiowerbung**
Hör zu. Was sind die Produkte?

**2 Anzeigen**
Was siehst du in diesen Anzeigen?

| Oben links<br>Unten rechts<br>In der Mitte<br>Im Hintergrund<br>Im Vordergrund | gibt es … |
|---|---|

**Keine Angst vor fettigen Flecken.**

Fettflecken und fetthaltige Verschmutzungen: Damit werden Waschmittel allein oft nicht richtig fertig. Kein Problem für Sil Fleckenlöser. Er ist der Spezialist für hartnäckigen Fettschmutz in allen waschbaren Textilien. Durch gezieltes Einsprühen unmittelbar vor dem Waschen löst Sil den Schmutz schonend von der Faser. Sil Fleckenlöser kommt selbstverständlich ohne Treibgas aus und ist besonders ergiebig.

**Sil. Nimmt Flecken den Schrecken.**

REINES RIESLING-VERGNÜGEN

FEIST *Riesling*
DER RIESLING-SEKT MIT DEM REGENBOGEN

*Rama macht das Frühstück gut.*

Rama
Pflanzlich und gesund
mit den lebenswichtigen
Vitaminen A und D

90

## 3 Werbeslogans

Hier sind Werbeslogans für Produkte. Für welche?

1 Nichts wäscht weißer
2 Liebe auf den ersten Schluck
3 Pack den Tiger in den Tank
4 Der Geschmack von Freiheit und Abenteuer
5 Mach dir ein paar schöne Stunden – geh ins ...
6 Vernunft auf Rädern
7 Damit Sie in 1 Minute besser aussehen
8 Fehler sind menschlich

3

4

| weiß | weißer | am weißesten |
|------|--------|--------------|
| schnell | schneller | am schnellsten |
| schön | schöner | am schönsten |
| gut | besser | am besten |

## 5 ,Superkatze'

Hör zu. Wie läuft die Reklame richtig?

Deswegen kaufe ich immer ,Superkatze' für sie.

,Superkatze' – denn nichts ist für Ihre Katze besser.

Jetzt gibt es ,Superkatze' in drei verschiedenen Sorten: Forelle, Lachs und Scholle.

Damit bleibt sie fit und aktiv.

Ich würde das allen Katzenbesitzern empfehlen.

Es ist lecker und gesund, und auch preiswert.

Meine Mitzi ist sehr kritisch – sie würde manche Katzenfuttersorten abweisen.

,Superkatze' – denn 8 von 10 Katzen essen das am liebsten.

## 6 Miniprojekt

Entwirf deine eigene Anzeige für eine Zeitschrift.

*Nützliche Ausdrücke*

jetzt bei Ihrem Fachhändler
neu im Sonderangebot
jetzt noch besser
Superpreis ab nur DM20

# Die Presse

**Frankfurter Allgemeine**
ZEITUNG FÜR DEUTSCHLAND

Herausgegeben von Fritz Ullrich Fack, Joachim Fest, Jürgen Jeske, Hugo Müller-Vogg, Johann Georg Reißmüller

2,00 DM

THÜRINGISCHE **Landeszeitung**
· heimatverbunden

TLZ

THÜRINGER **Neueste Nachrichten**

Mittwoch
7. August 1991
Nr.184/47.Jg.-31.Wo.

Mittwoch, 21. August 1991

**Blick**

**1  Wörterbucharbeit**
Wie heißen diese Wörter auf englisch?

die Titelseite
die (Stellen)anzeige
die Tageszeitung
der Bericht

die Schlagzeile
die Fernsehseite
die Wochenzeitung
das Horoskop

die Sportseite
die Nachrichten
die Lokalzeitung
die Wettervorhersage

**2  Meine Lieblingszeitung**

4A

**3**  Welche Zeitung liest du?
Was liest du zuerst in der Zeitung? Und dann?
*Beispiel:* Zuerst lese ich die Sportseite. Dann lese ich die Fernsehseite.

**4  Schlagzeilen**
Hier sind einige Berichte aus der Schweizer Zeitung *Blick*.
Welche Schlagzeile paßt zu welchem Bericht?

a

**Banküberfall während der Mittagspause**

b

**«Naked Gun 2½»: Lachrekord im Kino**

**Kaum gestürzt, flog Gorbi aus dem Wachsmuseum**

c

**Tramunfall auf Bahnhofplatz: 17 Verletzte**

d

**YORK –** Ebenso kurzen Prozess wie in Moskau machte man mit Gorbi im britischen York: Kaum wusste die Welt vom Putsch in der Sowjetunion, wurde Gorbi kurzerhand aus dem Wachsmuseum verbannt. Kommentar: «Einschmelzen werden wir ihn aber noch nicht. Wir werden ihn wahrscheinlich noch brauchen.»

Im englischen York wurde Gorbi unsanft aus dem Wachsfigurenkabinett entfernt.

**1**

**ZÜRICH –** Wieder ein schwerer Tramunfall auf dem Zürcher Bahnhofplatz: Nur wenige Wochen nach der letzten Kollision prallten gestern um 11.15 Uhr zwei Tramzüge der Linie 14 und ein Tram der Linie 6 ineinander. 17 Fahrgäste wurden meist leicht verletzt.

Kurz nach dem Zusammenstoss begann in der Innenstadt ein regelrechtes Verkehrschaos. Die Polizei musste den Bahnhofplatz für den Autoverkehr abriegeln. Die Unglücksursache war gestern nachmittag noch nicht bekannt. Karin Müller

Ein Verletzter wird mit einer Tragbahre geborgen.

**2**

**4**

**ZÜRICH –** Dieser Film bricht sämtliche Lachrekorde: Trotz Ferien und heissestem Sommerwetter haben in den ersten zehn Tagen schon 100 000 Deutschschweizer «Naked Gun 2½» gesehen.

Damit lässt der US-Ulk selbst letztjährige Hits wie «Ghost» (65 000 Zuschauer) hinter sich – kein Wunder bei diesen frechen Dialogen. Kostprobe: Film-Präsident Bush zum Hauptdarsteller: «Wir haben einen Job für Sie mit harter Arbeit inmitten der gefährlichsten Verbrecherbande der Vereinigten Staaten.» Hauptdarsteller: «In Ihrem Kabinett, Mister President?»

**3**

**ARTH SZ – Pünktlich zur Mittagspause schlugen in Arth drei Bankräuber zu!**

Genau um 12.05 Uhr überraschten am letzten Montag drei mit Revolvern bewaffnete Gangster einen Angestellten der Schwyzer Kantonalbank, als dieser durch den Personalausgang im Treppenhaus die Bank verlassen wollte. Einer Mitarbeiterin gelang es noch, den akustischen Alarm auszulösen. Dann zwang sie einer der Gangster mit Waffengewalt, den Alarm wieder zu stoppen. Eine Sekretärin musste den Tresor öffnen. Beute: 400 000 Franken.

**5 Wie ist das Wetter?**
Lies die Wettervorhersage.

**6 Der Wetterbericht**

`4B`

## Aussichten bis zum Wochenende

★ **DONNERSTAG/FREITAG:** Zuerst sonnig und heiss. Am Freitag wechselnd, oft stark bewölkt, zeitweise Regenschauer. Temperaturen um 24 Grad.

★ **WOCHENENDE:** Samstag kommt wieder

Bise auf. Den Voralpen entlang bleibt es bedeckt. Über dem Mittelland hängen am Vormittag Hochnebelreste. Am Samstagnachmittag wird es zunehmend sonnig bei Temperaturen um 25 Grad. Der Sonntag wird wieder vorwiegend sonnig.

**WETTER IM AUSLAND: Paris:** schön, 25°; **London:** stark bewölkt, 22°; **Frankfurt-Main:** leicht bewölkt, 24°; **Berlin:** Regen, 15°; **Hamburg:** Regenschauer, 18°; **Stockholm:** gewitterhaft, 20°; **Helsinki:** leicht bewölkt, 18°; **Innsbruck:** stark bewölkt, 22°; **Wien:** stark bewölkt, 20°; **Prag:** stark bewölkt, 17°; **Moskau:** stark bewölkt, 19°; **Budapest:** schön, 20°; **Athen:** schön, 30°; **Rom:** schön, 28°; **Palma de Mallorca:** schön, 31°; **Lissabon:** leicht bewölkt, 30°; **Tunis:** schön, 35°; **Tel Aviv:** schön, 29°.

**7 Miniprojekt**
Schreib deine eigene Wettervorhersage.

| In Frankfurt | regnet/schneit es. |
| --- | --- |
| | ist es kühl/warm/heiß/schwül/trocken/neblig/windig. |
| | gibt es vereinzelte Schauer/Hagel/Gewitter. |
| | beträgt die Temperatur 15 Grad. |

# Medien der Zukunft

**1** **Wann wird das geschehen?**
Was meinst du? Wann wird das alles geschehen?
In 5 Jahren, in 20 Jahren, in 50 Jahren, nie?

> Jeder Haushalt wird Satellitenfernsehen haben.

> Das All wird voll von alten kaputten Satelliten sein.

> Wir werden CDs statt Schallplatten spielen.

> Wir werden ganz kleine Camcorder statt Fotoapparate benutzen.

> Wir werden ein Videotelefon benutzen.

> Wir werden keine Bücher mehr kaufen.

> Wir werden keine Zeitungen mehr kaufen..

> Wir werden Geschichten auf einem Computerbildschirm lesen.

> Wir werden die Nachrichten nur im Fernsehen anschauen.

> Wir werden PCs statt Hefte und Kulis in der Schule benutzen.

**2** **Wie wird die Zukunft aussehen?** Was meinst du?
**Partnerarbeit.** Schreibt Sätze.

*Beispiel:* Man wird Pillen für's Essen nehmen.

a      b      c      d      e

| Ich | werde | nur CDs kaufen. |
|-----|-------|-----------------|
| Das All | wird | voll von Satelliten sein. |
| Man | wird | keine Bücher mehr kaufen. |
| Wir | werden | keine Zeitungen mehr kaufen. |

## 3 Die neueste Technologie
Hier sind einige der allerneuesten Produkte.
Welche Beschreibung paßt zu welchem Produkt?

**a**

**CD-Player**

### Die Scheibe zum Umhängen

Sie können ihn umhängen. In die Hosentasche paßt er, in die Hemdentasche nicht. Aber das liegt nur an der Größe der CDs. Denn genau das Format der Compact Discs hat auch der neue tragbare CD-Player von Lenco, der CD 3752. Seine Maße: 12 x 13 cm bei einer Dicke von 2,8 cm. Sein Gewicht: 445 Gramm.

Mini-Gerät mit großer Ausstattung. Dazu zählen 3-Strahl-Lasereinheit, Wiederhol- und

Skip-Funktion, 20 programmierbare Titel, Multifunktionsdisplay mit Anzeige von Titelnummer, Spielzeit, Pausen und Programm. Der Preis kann sich hören lassen: 329 Mark (unv. Preisempf.)

Wollen Sie einen tragbaren CD-Player gewinnen? Dann machen Sie mit! Lenco verlost zehn CD 3752. Was Sie tun müssen, wie Sie gewinnen können, das lesen Sie hier ▼

### Wieviel wiegt der CD-Player?

● 200 Gramm ● 445 Gramm ● 1000 Gramm? Schreiben Sie die Lösung auf einer Postkarte an: ExtraBild, Axel-Springer-Platz 1, 2000 Hamburg 36. Stichwort: „CD-Player" Einsendeschluß: Dienstag, 3. September 1991. Der Rechtsweg ist ausgeschlossen.

**b**

**Satellitenschüssel**

### Spiegel für Satelliten

Satellitenfernsehen ist seit dem Start des luxemburgischen TV-Satelliten „Astra" im Jahr 1988 ein Renner. 1990 wurden rund 1,1 Millionen Anlagen verkauft, davon 300 000 in den neuen Bundesländern. Immer kleiner – das gilt auch für die Satellitenanlagen. Da die

Satelliten ständig leistungsstärker werden, schrumpfen die zum Empfang notwendigen Spiegel immer mehr. Mit 60 cm Durchmesser z.B. von dnt (Foto).

Auch die Preise schrumpfen. Vor 2 Jahren kostete eine komplette Anlage ca. 2000 Mark, jetzt ist sie um 500

Mark zu haben.

Messe-Neuheit von dnt: der Receiver „Euro 1" mit Gedächtnis. Er ist mit den Daten der wichtigsten Satelliten vorprogrammiert. Zeitraubende Einstellungen entfallen. Über eine Anschlußbuchse kann der Receiver jederzeit aktualisiert werden.

**c**

**Stereoanlage**

### Minis mit viel Musik

Minis kommen immer mehr in Mode, auch im Audio-Bereich. Das Mini-Stereo-System CD S 600 H von Sharp z.B. (Foto) ist nur 27 cm breit, 32 cm hoch, knapp 28 cm tief.

Das Gerät hat eine Sinusleistung von 2 x 30 Watt, ist mit Doppel-

kassetten-Laufwerk und einem Synthesizer-Tuner mit Speicherkapazität für 30 Stationen ausgestattet. Außerdem Fernbedienung.

Große Power auf kleinem Raum auch bei der Spitzenanlage der neuen Sharp-Minis, dem CD C 900 H. Die Anlage ist nur 27 cm breit und

32 cm hoch, hat 2 x 70-Watt-Verstärker. Voraussichtlich ab Oktober im Handel. Preisbeispiel: Der CD C 900 H wird um 2000 Mark kosten.

Die neuen Modelle können sich auch sehen lassen: edles Grau, Metallic-Design, sachlich und kompakt.

1 Er ist sehr leicht und tragbar.
2 Es gibt über eine Million in Deutschland.
3 Er kostet weniger als 400 Mark.
4 Der Spiegel wird immer kleiner.
5 Die allerbesten Modelle kosten rund 2000 Mark.
6 Es ist jetzt ungefähr 1500 Mark billiger als vor zwei Jahren.
7 Es hat zwei Verstärker.
8 Es gibt zehn Preise zu gewinnen.

## 4 Miniprojekt
Mach ein Poster zum Thema ‚Medien von heute und morgen'.

*Beispiel:*
Heute kaufen wir Kassetten. In der Zukunft werden wir CDs kaufen.

Heute machen wir Fotos mit einem Fotoapparat. In der Zukunft werden wir Videofilme mit einem Camcorder machen.

## Checkliste
Ich kann...
● beschreiben, wann und wo ich Radio höre.
● das Lied *99 Luftballons* verstehen.
● sagen, was ich auf einer Wüsteninsel gern hören würde.
● eine Anzeige aus einer Zeitschrift beschreiben.
● Auszüge aus einer deutschen Zeitung verstehen.
● einen Wetterbericht verstehen und habe einen Wetterbericht geschrieben.
● die Medien der Zukunft besprechen.

# Berufsbewerbung

**Aus·bildung die a)** training; **b)** *(Entwicklung)* development

**Bewerbung die; ~, ~en** application

**Gleichberechtigung die** equal rights *pl.*

**Lebenslauf der** curriculum vitae; c.v.

**Lehrling der; ~s, ~e** apprentice; *(in kaufmännischen Berufen)* trainee

**Qualifikation die; ~, ~en a)** *(Ausbildung)* qualifications pl.; **b)** *(Sport)* qualification

## Wo braucht man Fremdsprachen?

Hotelmanagerin

Exportbüroarbeiterin

LKW-Fahrer

Mechaniker in der Autowerkstatt

## 1 Welcher Beruf ist das?
Hör zu. Wer spricht hier?

**Sekretärin**

**Zollbeamter**

**Polizistin**

# SUPER! ZEITUNG
# JOB-BÖRSE

Liebe Leser,
die SUPER! Zeitung will Ihnen helfen, eine Lehrstelle oder einen
Arbeitsplatz zu finden. Auf dieser Seite gibt es auch Ideen,
Tips und Anregungen.
Liebe Arbeitgeber, rufen Sie uns an, wenn Sie Lehrstellen oder
Arbeitsplätze anbieten wollen. Unsere Telefonnummern:
Berlin-Ost: 2 35 41 71 Berlin-West: 39 78 52 94/95/96
Die SUPER!-Zeitung und ihre Leser sind Ihnen dankbar.

## Ausbildungsplätze

### 85 Ausbildungsplätze in Döbeln
Die Arbeiterwohlfahrt in Döbeln
bietet freie Ausbildungsplätze für
17 Hauswirtschafterinnen,
17 Maler,
17 Lackierer und
17 Tischler,
17 Friseure/Friseurinnen,

Schnitt-, Färbetechniken und
Pflege für jeden Haartyp

schluß (auch 7. und
bzw. Behinderte).
**Dauer:** 3 Jahre
**Beginn:** 01.10.1991
Bewerbungen bitte an:
Arbeiterwohlfahrt
Verwaltung,
Harthaer Straße,
O-7300 Döbeln/Masten,
Tel.: (Döbeln) 21 97

### Zahnarzthelferin
Die Zahnarztpraxis Krause in
Dresden in der Nürnberger
Straße bieten einen Ausbildungs-
platz zur Zahnarzthelferin.
**Voraussetzung:** abgeschlossene
Hauptschule (10. Klasse)
**Ausbildungsbeginn:** Sept./Ok-
tober 1991
**Dauer:** 3 Jahre
Weiterhin wird noch eine Helferin
für die Arbeit am Stuhl benötigt.
Bewerbungen bitte an:
Zahnarztpraxis Krause
Leningrader Straße 12a/504
O-8010 Dresden

## Arbeitsstellen

### Monteure
Die Doktor Stern GmbH Montage
in Mainz sucht 20 Monteure für
Heizung, Sanitär, Klima-Lüftung.

anschließen
**Arbeitsbegin**
Unterkunft vo
Bewerbunge
Doktor Ster
z.H. Frau Go
Große Blei
W-6500 Mai
Tel.: (Mainz

### Tischler
Die Firma Sicherheits
Pankow sucht zur Betreuu
Kunden, zum sofortigen
zwei Tischler.

Freude am Umgang mit
aussetzung für jeden Tis

**Voraussetzungen:** au
sene Berufsausbildung,
diges Arbeiten und Zu
keit sowie großes Enga
Bewerbungen bitte an:

**Angestellte in einem Reisebüro**

## Stellengesuche
### Ausbildung

● Jg. Frau, 20, sucht Lehrstelle
als Bürokauffrau ab 1. Sept.
Zuschr. unter Chiffre A272553
● Umschüler, m, 25 J., sucht zum
1.8. Ausbildungsplatz zum
Groß-und Außenhandelskaufmann.
Zuschr. unter Chiffre Z282566
● Offsetdrucker, 20 J., sucht
Lehr-/Anlernstelle in
Druckformherstellung.
Zuschr. unter Chiffre Z332543

## Stellengesuche
### Frauen

● Junge Masseurin/med. Bade-
meist. sucht ab Okt.91 Stelle in
Frbg. und Umgeb.
Zuschr. unter Chiffre Z312525
● 30jähr. Arzthelferin Bietet
Pflege und Betreuung v. älteren
Menschen an. Erfahrung in Pflege
vorhanden.
Zuschr. unter Chiffre Z331565
● Arzthelferin sucht interessan-
te u. gutbezahlte Anstellung
(auch berufsfremde Tätigkeit)
Zuschr. unter Chiffre Z331567
● Su. Arbeit m. Kinder 3x/Wo
evtl. auch stundenweise
Tel.0761/278569
● Suche Putzstelle, 1x wöchtl
nachmittags. Tel. 07661/492
● Frau, 48 J., su. Dauerstellung
bei Putzfirma, 5 Std. 8-13 h
Mo.-Fr., Tel.0761/28027
● Tipparbeiten u. Telefondiens
in Heimarbeit gesucht.
Tel.07664/3961

**Taxifahrer**

Stelle
Männer

# Berufsbeschreibungen

**2 Infokarten**
Welche Berufe beschreibt man hier?

**a**

- Muß gern mit Leuten arbeiten.
  Die Arbeit ist manchmal gefährlich.
- Ja. Aber Detektive tragen keine Uniform.
- Gute Schulprüfungen.
  Man muß groß sein.

---

## INFOKARTE

Berufsbeschreibung:

Uniform:

Qualifikationen:

**b**

- Muß eine Stadt sehr gut kennen.
  Muß oft nachts arbeiten.
- Nein.
- PKW-Führerschein.

**d**

- Muß im Büro arbeiten.
  Man muß sehr schnell arbeiten.
- Nein.
- Kurzschrift, Tippen,
  Computerkenntnisse.

- Muß oft ins Ausland fahren.
  Man ist oft allein.
- Nein.
- LKW-Führerschein.

- Muß Leuten helfen, einen Urlaub
  zu wählen.
- Manchmal.
- Computerkenntnisse, Kenntnisse von
  Sprachen und Erdkunde.

**c**

**e**

**3 Miniprojekt**
Schreib Infokarten auch für andere Berufe.

| (Man) muß | nachts | arbeiten. |
|-----------|--------|-----------|
|           | ins Ausland | fahren. |

Mafalda

**5** **Ein Tag im Leben ...**
Hör gut zu. Drei Berufstätige beschreiben ihre Arbeit.
Welche Fremdsprachen sind für sie wichtig?

**1** Mein Name ist Silke Berger, und ich bin 27 Jahre alt. Ich
arbeite seit fünf Jahren als Fremdsprachensekretärin bei
einer großen Elektrofirma hier in Bonn. Normalerweise
fange ich um acht Uhr mit der Arbeit an. Meine Aufgaben
sind hauptsächlich Briefe tippen, mit ausländischen
Kunden telefonieren, Besucherbetreuung und Telexe
schreiben. Meine Arbeit macht mir viel Spaß, weil ich
mein Englisch und Spanisch oft üben kann.

**2** Hallo! Norbert Meyer ist mein Name. Ich bin 38 Jahre alt.
Ich arbeite seit zehn Jahren als LKW-Fahrer hier in
Hamburg. Ich fahre einen Mercedes Lastkraftwagen.
Ein- oder zweimal im Monat muß ich nach Italien oder
Frankreich fahren. Oft bin ich drei oder vier Tage
unterwegs. Deshalb ist es wichtig, ein bißchen Italienisch
oder Französisch zu können, zum Beispiel beim Zoll, oder
wenn ich ein Zimmer für die Nacht suche.

**3** Ich heiße Bettina Scholl, und ich bin 35 Jahre alt. Seit drei
Jahren bin ich Hotelmanagerin hier in München. Es ist ein
ziemlich kleines Hotel, und meine Arbeitsstunden sind
sehr lang. Oft gehe ich erst um zwei Uhr ins Bett. Wenn
ein Kellner oder eine Kellnerin krank ist, dann muß ich
auch im Restaurant aushelfen, aber normalerweise arbeite
ich beim Empfang. Es kommen oft Gäste aus der ganzen
Welt. Um ihnen zu helfen, müssen wir doch viele
Sprachen können, zum Beispiel Arabisch, Japanisch und
Portugiesisch.

**1A** **6**

**1B** **7** **Welche Sprache ist das?**

**8** Mach ein Interview mit Silke, Norbert oder Bettina.

– Wie heißen Sie?

– Wie alt sind Sie?

– Was sind Sie von Beruf?

– Wo arbeiten Sie?

– Seit wann arbeiten Sie da?

– Können Sie Ihre Arbeit beschreiben?

– Welche Fremdsprachen können Sie?

– Warum ist es wichtig für Sie,
  Fremdsprachen zu können?

| Ich arbeite hier | | fünf Jahren. |
|---|---|---|
| Ich lerne Deutsch | seit | einem Jahr. |
| Ich warte auf dich | | vierzig Minuten! |

# Männer und Frauen im Beruf

**1** Was sind diese Leute von Beruf?

| Ärztin | Ingenieurin | Sekretärin |
|---|---|---|
| Arzt | Ingenieur | Sekretär |
| Geschäftsfrau | Mechanikerin | Tankwartin |
| Geschäftsmann | Mechaniker | Tankwart |

**2** **Männer und Frauen im Beruf**
Hör zu. Wer spricht? Was machen sie beruflich?

| Er ist | Arzt/Sekretär/Mechaniker. |
|---|---|
| Sie ist | Ärztin/Sekretärin/Mechanikerin. |

**3** **Ein Rätsel**

Ein Mann und sein Sohn fahren mit dem Auto in die Stadt. Sie haben einen Unfall, und der Sohn muß sofort ins Krankenhaus. Während der Junge operiert wird, sitzt der Vater draußen. Plötzlich hört er einen Schrei vom Operationssaal: ‚Das ist doch mein Sohn!'
Wieso?

## 4 Stellenanzeigen

**2A** Man hat diese Anzeigen in einer deutschen Zeitung gefunden.
Ordne die Anzeigen richtig ein.

**1**

### MAGNET

Für unsere Wiener Verbrauchermärkte
suchen wir
**Abteilungsleiter/innen**
(für alle Lebensmittelbereiche)
**Kassenaufsicht und
Stellvertreter/innen
sowie Kassierinnen**
(30 Stunden Woche)
Wir bieten Ihnen beste Bezahlung
sowie geregelte Arbeitszeit. Ihre
Urlaubswünsche für den Sommer
werden selbstverständlich
berücksichtigt.
Informieren Sie sich am Dienstag,
21.5.'91 unter
Telefon 0222 / 77 81 25 bei unserem
Herrn Faber.

**2**

● Junger Mann/Schüler/Student
f. stundenw. Aushilfsarbeiten im
Möbelhandel gesucht. Tel.0761/-
407303. Mi. - Frei. v. 15-18h
● Fahrer, FSK III, für 1-2 Tage in
der Woche gesucht.
Tel.0761/482556.

**3**

General Electric –
Tungsram Lighting

Wir suchen
**FRAUEN**
für leichte Anlernarbeiten in der
Glühlampenfertigung
für Normalarbeitszeit
Tel. 38 86 01/DW 341, Herr Guggenberger
für Wechselschicht (6.00-14.00 Uhr bzw.
14.00-22.00 Uhr)
Tel. 38 86 01/DW 331, Frau Lodner
**General Electric - Tungsram Lighting AG**
1211 Wien, Hofherr-Schrantz-Gasse 4

**4**

**VW-AUDI sucht:
1 AUTO-
VERKÄUFER**
zu besten Bedingungen
"Spitzengehälter"
FIRMA
STIPSCHITZ
Maria Enzersdorf
Tel 0 22 36/82 52 00
Herr Werner

**5**

### Kellner/in

Das „Café Rosé" in der
Leipziger Straße in Berlin
sucht einen Kellner oder
eine Kellnerin.
**Voraussetzungen:**
abgeschlossene
Berufsausbildung.
Bewerbungen bitte an:
„Café Rosé",
Leipziger Straße 30,
O-1080 Berlin,
Tel.: (O-Berlin) 2 08 72 92

**6**

ⓒ Haben Sie eine angenehme
Stimme? Möchten Sie gern bequem
von zu Hause aus arbeiten?
Telefonistin für 9-12 Uhr Mo-Do
gesucht. Gerne auch mit Erfahrung.
Rufen Sie an! Tel.0761/580272

**2B** **5** **Wie stehst du zur Gleichberechtigung der Geschlechter?**

**6** Welche Meinung paßt zu welchem Bild?

# Eine Bewerbung

**1** Lies diese zwei Lebensläufe.

```
                    LEBENSLAUF

Name:                   Friedrich Dehmel
Alter:                  18
Geburtsdatum:           28.8.74
Geburtsort:             Bonn
Staatsangehörigkeit:    Deutsch
Vater:                  Helmut Dehmel
Mutter:                 Maria Dehmel, geborene Schmidt
Geschwister:            zwei Schwestern
Adresse:                Bergstraße 78,  5300 Bonn
Telefonnummer:          02 28 / 36 17 22
Schulbildung:           1980 – 1984  Grundschule in Bad Honnef
                        Seit 1984  Herman Kant Realschule
Qualifikationen:        Realschulabschluß
Fremdsprachen:          Englisch und Spanisch
Hobbys:                 Schwimmen, Handball, Skifahren
Berufswunsch:           Mechaniker bei einer Autowerkstatt
```

**2 Richtig oder falsch?**
Hör gut zu. Was ist richtig, was ist falsch?

**3 Mein Lebenslauf**

### LEBENSLAUF

Ich heiße Sara Davidson, und ich bin am 18. August 1975 in Manchester geboren. Mein Vater heißt Peter Davidson und meine Mutter Anne Davidson, geborene Harvey. Ich habe zwei Brüder.

Zur Zeit wohne ich in Keswick in der Grafschaft Cumbria. Meine Adresse ist School Road 39, Keswick, Cumbria, CA12 5GK.
Die Telefonnummer ist: (0)7687 33366.

Von 1980 -1985 besuchte ich eine Grundschule in Manchester.
Seit 1986 besuche ich 'Keswick School'. Das ist eine Gesamtschule.

Ich mache zur Zeit meine ‚GCSE' Prüfungen in neun Fächern: Geschichte, Deutsch, Englisch, Mathe, Erdkunde, Chemie, Physik, Biologie und Technologie.

Meine Interessen sind Wandern, Reiten und Fotografieren. Ich schwimme gern und spiele auch für die Basketballmannschaft in der Schule. Samstags arbeite ich in einem Restaurant. Ich bin auch Babysitterin.

**4 Ein Job für die Sommerferien?**
Hör zu. Diese vier jungen Leute suchen einen Job für die Sommerferien.

**3B** **5**

a | **Tierpfleger(in)** für Kinderzoo auf Campingplatz gesucht, für die Sommerferien. Voraussetzung: Freude am Umgang mit Tieren und Kindern. Bewerbungen an: F. Johannson, Campingplatz am Rhein, 5040 Brühl.

**Deutsche Familie sucht Au Pair** Jungen oder Mädchen für die Sommerferien vom 20.7. bis zum 31.8. Wir haben 2 Jungen (8 und 12 Jahre alt), die gerne Englisch sprechen würden. Wenn Sie daran Interesse haben, schreiben Sie uns : Frau Schmidt, Schillerstraße 45, 7800 Freiburg. | c

b | **Ich suche für mein Fischrestaurant** Koch/ Köchin zur Aushilfe während der Saison. Schreiben Sie an: K. Berg, Ferdinandstr. 45, 2850 Bremerhaven.

**Wir suchen Kellner/Kellnerin** für unser Eiscafé. Beginn 20.7. Bewerbungsunterlagen an Luccini, Brenderweg 136, 5400 Koblenz. | d

**6 Saras Bewerbungsbrief**
Lies Saras Bewerbungsbrief für die Stelle als Au Pair Mädchen.

Keswick, den 10. Mai

Sehr geehrte Frau Schmidt!

Ich habe Ihre Anzeige für ein Au Pair Mädchen in der Zeitung gelesen. Ich interessiere mich sehr für diese Stelle, weil ich mich gut mit Kindern verstehe. Ich mache oft Babysitten für meine Familie und Freunde. Ich habe übrigens zwei Brüder, die 5 und 8 Jahre alt sind.

In der Schule lerne ich seit vier Jahren Deutsch, und ich hoffe, nächstes Jahr Deutsch in der Oberstufe zu machen. Ich möchte gerne nach Deutschland kommen, um mein Deutsch zu verbessern. Ich könnte schon am 20. Juli anfangen.

Ich lege meinen Lebenslauf und einen internationalen Antwortschein bei.

Mit freundlichem Gruß,

Ihre

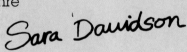

**7 Miniprojekt**
Schreib deinen eigenen Bewerbungsbrief für eine der vier Stellen.

- Wo hast du die Anzeige gesehen?
- Warum interessierst du dich für diese Stelle?
- Hast du schon Erfahrung in diesem Job?
- Kannst du Deutsch sprechen?
- Warum möchtest du in Deutschland arbeiten?
- Wann kannst du anfangen?
- Was legst du dem Brief bei?

# Beim Interview

**1** Was solltest du zu einem Interview tragen? Was solltest du nicht tragen?

einen Anzug
einen großen gelben Hut
einen grauen Rock
einen gestreiften Schlips
eine weiße Bluse
eine grüne Jacke
eine braune Lederjacke
eine knallbunte Sonnenbrille
ein schickes Abendkleid
ein weißes Hemd
ein rotes T-Shirt
zerrissene blaue Jeans
schwarze saubere Schuhe
alte schmutzige Sportschuhe

| Ich sollte | ein weißes Hemd | tragen. |
|---|---|---|
| Du solltest | keinen großen Hut | |
| Man sollte | | |
| Er/Sie sollte | pünktlich | sein. |
| | nicht frech | |

**2** Was sollte man beim Interview machen?
Was sollte man nicht machen?

*Beispiel:* Ja, man sollte höflich sein.
Nein, man sollte *nicht* frech sein.

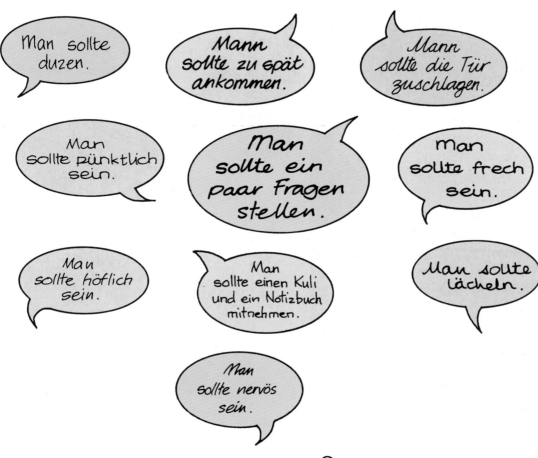

Man sollte duzen.

Mann sollte zu spät ankommen.

Mann sollte die Tür zuschlagen.

Man sollte pünktlich sein.

Man sollte ein paar Fragen stellen.

man sollte frech sein.

Man sollte höflich sein.

Man sollte einen Kuli und ein Notizbuch mitnehmen.

Man sollte lächeln.

Man sollte nervös sein.

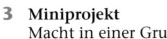

**3** **Miniprojekt**
Macht in einer Gruppe ein Poster mit
‚Interview-Tips'.

**4** **Zwei Interviews**

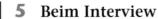

5 **5** **Beim Interview**

**6** **Partnerarbeit**
Jetzt bist *du* beim Interview.
Wie antwortest du?
Macht das Interview.

## Checkliste

- Ich kann 10 Berufe nennen.
- Ich habe meinen Lebenslauf geschrieben.
- Ich kann eine Stellenanzeige verstehen.
- Ich habe einen Bewerbungsbrief geschrieben.
- Ich habe ein Poster mit ‚Interview-Tips' gemacht.
- Ich habe einen Interviewdialog geübt und ihn auf Kassette aufgenommen.

# Jugendprobleme

**Ausländer** der; ~s, ~, **Ausländerin** die; ~, ~nen foreigner

**Jugendschutz** der protection of young people; ~schutz.gesetz das laws *pl.* protecting young people

**Liebeskummer** der; ~s lovesickness; ~ kummer haben to be lovesick

**nörgeln** *itr. V. (abwertend)* moan, grumble (an + *Dat.* about)

**Pickel** der; ~s, ~ : pimple

**Streit** der; ~[e]s, ~e *(Zank)* quarrel; *(Auseinandersetzung)* dispute; argument; **streiten** *unr. itr., refl. V.* quarrel; argue

**verlieben** *refl. V.* fall in love (**in** + *Akk.* with)

## Was betrifft die Jugend?

## Rat & Hilfe vom Dr.-Sommer-Team

# Sprich Dich aus ...

Margit und Michael vom Dr.-Sommer-Beratungsteam der BRAVO Redaktion nehmen Stellung zu Deinen Problemen. Schreib ans Dr.-Sommer-Team, Redaktion BRAVO, Charles-de-Gaulle-Str. 8, 8000 München 83

**Ruf an 089/6786534**

In ganz dringenden Fällen kannst du Margit und Michael vom Dr.-Sommer-Team Montag bis Freitag zwischen 15 und 16 Uhr, Dienstag und Donnerstag auch zwischen 18 und 19 Uhr in München erreichen.

## Liegt es am

Freunde aber lachen nur darüber und lästern. Ich bin sehr verzweifelt und ... Bitte helfen Sie ...

richtigen Glauben zu bekehren, usw? Klar, daß das keiner lang durchhält. Das wird irgendwann zuviel.

### WENN SCHWITZEN ZUM PROBLEM WIRD...

**anti svet**

befreit von übermäßiger Transpiration und unangenehmem Körpergeruch. antisvet ist besonders hautfreundlich, sparsam in der Anwendung und umweltfreundlich, weil luftentlastend. Als Roll-on und Pumpspray erhältlich. Klinisch getestet.

BÖTTGER GMBH · 1000 Berlin 31

**BRAVO** 67

## FAMILIEN-BANDE — von Garner

Raschle nicht so mit der Zeitung!

...und nimm die Füße vom Tisch!

Ich geb's auf - gehe ich abends aus, wird gemeckert, bleibe ich zu Hause, ist es auch nicht besser!

### Hilfe – ich habe so viele Pickel*!

„Ich heiße Concha und bin 15 Jahre alt. Ich habe ein großes Problem. Meine Klassenkameraden lachen mich aus, weil ich so viele Pickel habe. Ich habe schon verschiedene Mittel* ausprobiert, aber nichts hat geholfen. Im Gegenteil*: Ich bekomme immer mehr Pickel! Ich bin schon ganz verzweifelt* – ich hoffe, daß Du mir helfen kannst!"

Concha aus Spanien

„Liebe Concha, Du bist mit Deinem Problem nicht allein: 85 Prozent aller Jugendlichen haben Pickel. Ich we... daß Dich das nicht tröstet*. Daru... will ich Dir ein paar Tips geben: ... Hygiene ist sehr wichtig. Wasche... ... abend...

### Meine Mutter liest meine Briefe

„Ich bin 16 Jahre alt und brauche deinen Rat*: Meine Mutter liest immer meine Briefe! Wenn ich mittags aus der Schule komme, hat sie meine Post schon gelesen. Ich habe sie schon so oft gebeten, meine Briefe nicht zu öffnen. Sie sagt aber, daß sie das Recht dazu hat. Was soll ich tun?"

Anke aus Deutschland

„Lieb Deine scha... vertr... oder Viell... bess... Son...

 **Was ist hier das Problem?**

Hör zu. Welche Probleme haben diese Jugendlichen? Wer sagt was?

a Ich muß so früh ins Bett.
b Ich darf mit meinem Freund keine Zeit allein verbringen.
c Ich habe zu wenig Geld.
d Ich darf nicht mit meiner Freundin wegfahren.
e Ich mag den Mantel nicht.
f Meine Freunde trinken zu viel Alkohol.
g Ich muß zum Friseur.
h Ich darf den Film nicht sehen.

# Eltern

 **1** **Probleme mit Eltern und Hausaufgaben**
Hör zu. Wer sagt was?

**a** Hast du deine Hausaufgaben gemacht?
**b** Mach jetzt deine Hausaufgaben!
**c** Mach doch bitte endlich mal deine Hausaufgaben!
**d** Nein, das darfst du nicht, du mußt deine Hausaufgaben machen.

 **2** **Partnerarbeit**
Wie ist das bei dir?
● Wieviel Hausaufgaben hast du normalerweise?
● Wann machst du deine Hausaufgaben?
● Nörgeln deine Eltern über Hausaufgaben?

 **3** **Was sagen die Jugendlichen über ihre Eltern?**
Was ist für jeden das Problem?
Hör zu.

 **4** **Streit zu Hause**

**5** Benutz ein Wörterbuch und mach zwei Listen.
Welche Wörter beschreiben dich und welche deine Eltern?
Was gehört auf beiden Listen?

| nett | anspruchsvoll | gestreßt |
|------|---------------|----------|
| streng | faul | überarbeitet |
| liebevoll | hilfreich | dick |
| freigebig | tyrannisch | schlank |
| fleißig | lieb | modisch |
| diktatorisch | altmodisch | auf Draht |

*Beispiel:*

| ich bin: | meine Eltern sind: |
|----------|---------------------|
| modisch | streng |

 **6** **Du darfst nicht!**
Hier sind weitere Situationen, wo es oft zu Hause Krach gibt.
Hör zu. Welche Situation paßt zu welchem Bild?

**7 Es gibt schon wieder Krach!**
Hör gut zu und lies, was die Jugendlichen sagen.

– Ich bin immer so positiv. Ich will alles tun. Erwachsene sind so negativ. Sie finden immer Gründe, warum ich etwas nicht machen soll.

Ich sage: ‚Ich will den Fernsehfilm sehen, weil er lustig ist'.

Mein Vater sagt:
‚Nein, das darfst du nicht,' ...
... weil der Film zu spät endet,
... weil du morgen Schule hast,
... weil deine Hausaufgaben noch nicht fertig sind,
... weil du nicht alt genug bist,
... weil du ins Bett mußt,
... weil du gestern so lange ferngesehen hast, und
... weil deine Mutter und ich die Nachrichten sehen wollen.

– Ich sage:
‚Ich will diesen Minirock kaufen. Ich mag ihn. Er paßt mir gut'.

Meine Mutter sagt: ‚Nein, den darfst du nicht kaufen,' ...
... weil er zu kurz ist,
... weil er nicht respektabel ist,
... weil er so scheußlich aussieht,
... weil er dir nicht paßt,
... weil er aus Leder ist und man ihn nicht waschen kann,
... weil er so unpraktisch ist,
... weil das Wetter jetzt so kalt ist, und
... weil er zu teuer ist.

**8 Partnerarbeit**
**A** ist Teenager.
Sag deinem Vater/deiner Mutter, was du machen willst.
**B** ist der Vater/die Mutter.
Sag, warum dein Sohn/deine Tochter das nicht machen darf.

| Ich will | ins Kino | gehen. | | Das darfst du nicht, weil | der Film zu spät endet. |
|---|---|---|---|---|---|
| | eine Lederjacke | kaufen. | | | sie zu teuer ist. |
| | in einer Kneipe | arbeiten. | | | du zu jung bist. |

**2A** **9** Ich will, weil ...  **2B** **10** Was bedeutet das, ideale Eltern zu sein?

# Michael hat Probleme

**1  Michael kommt spät nach Hause**
Michael erklärt seiner Mutter, was passiert ist.
Hör gut zu.
Schreib die richtige Reihenfolge auf.

**2  Aber was hat Michael wirklich gemacht?**
Michael erklärt seiner Freundin, was er wirklich gemacht hat!
Hör zu, und lies den Dialog.

**Michael:** – Hallo Melanie! Hier Michael.
**Melanie:** – Grüß dich Michael. Wie geht's?
**Michael:** – Schlecht. Weißt du, meine Mutter will immer wissen, was ich mache. Ich habe kein Privatleben mehr.
**Melanie:** – Du Armer. Aber meine Eltern sind genauso. Wo warst du denn gestern abend?
**Michael:** – Ich war kurz bei Carsten, zehn Minuten vielleicht, dann waren wir bei Uwe.
**Melanie:** – Hast du dann Janne getroffen?
**Michael:** – Ach was! Ich habe bei Uwe ferngesehen, und wir sind zum *Wienerwald* gegangen.
**Melanie:** – Dann hast du Janne getroffen!
**Michael:** – Nein, wir sind nachher zum Popkonzert gegangen.
**Melanie:** – Wie war das Konzert?
**Michael:** – Wir haben keine Karten bekommen.
**Melanie:** – Dann warst du doch bei Janne?
**Michael:** – Mensch! Aber nein! Wir sind nur ins Kino gegangen, und dann bin ich um zehn Uhr mit dem Bus nach Hause gefahren.

3A | **3**

**4  Partnerarbeit**
**A:** Du bist Michael. Was hast du deiner Mutter erzählt?
*Beispiel:* ‚Ich war bei Carsten. Wir haben zusammen gelernt.'
**B:** Aber was hat er wirklich gemacht?
*Beispiel:* ‚Du warst kurz bei Carsten, zehn Minuten vielleicht.'

## 5 Am Wochenende

Michaels Vater verbietet ihm, am Wochenende rauszugehen.

Aber er hat doch etwas gemacht, nicht wahr? Was?

*Beispiel:* Am Freitag hat er einen Brief geschrieben.

 Die Antworten sind auf Kassette.

**3B** **6 Was hast du am Wochenende gemacht?**

**3C** **7 Wahr oder nicht wahr?**

| Verben mit *haben* | | |
|---|---|---|
| kochen | → | gekocht |
| lernen | → | gelernt |
| machen | → | gemacht |
| putzen | → | geputzt |
| spielen | → | gespielt |
| reparieren | → | repariert |
| | | |
| bekommen | → | bekommen |
| essen | → | gegessen |
| fernsehen | → | ferngesehen |
| schreiben | → | geschrieben |
| treffen | → | getroffen |
| trinken | → | getrunken |
| waschen | → | gewaschen |

| Verben mit *sein* | | |
|---|---|---|
| gehen | → | gegangen |
| fahren | → | gefahren |
| radfahren | → | radgefahren |

*Beispiel:*

| Ich habe | für einen Test gelernt. |
|---|---|
| Michael hat | sein Zimmer geputzt. |

| Ich bin | nach Hause radgefahren. |
|---|---|
| Anne ist | ins Kino gegangen. |

# Jugendrechte in Deutschland

**1** **Das Jugendgesetz in Deutschland**
Lies die Informationen.

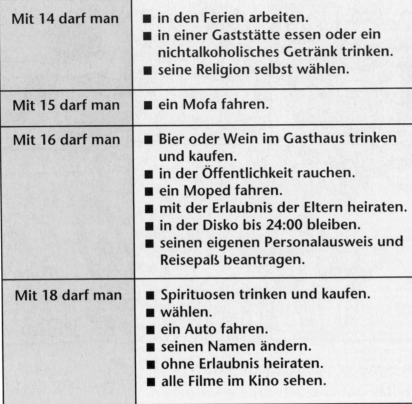

| | |
|---|---|
| Mit 14 darf man | ■ in den Ferien arbeiten.<br>■ in einer Gaststätte essen oder ein nichtalkoholisches Getränk trinken.<br>■ seine Religion selbst wählen. |
| Mit 15 darf man | ■ ein Mofa fahren. |
| Mit 16 darf man | ■ Bier oder Wein im Gasthaus trinken und kaufen.<br>■ in der Öffentlichkeit rauchen.<br>■ ein Moped fahren.<br>■ mit der Erlaubnis der Eltern heiraten.<br>■ in der Disko bis 24:00 bleiben.<br>■ seinen eigenen Personalausweis und Reisepaß beantragen. |
| Mit 18 darf man | ■ Spirituosen trinken und kaufen.<br>■ wählen.<br>■ ein Auto fahren.<br>■ seinen Namen ändern.<br>■ ohne Erlaubnis heiraten.<br>■ alle Filme im Kino sehen. |

 **2** **Richtig oder falsch?**

1 Man muß 15 sein, um ein Moped zu fahren.
2 Man muß 18 sein, um Bier in einer Kneipe zu trinken.
3 Man muß 16 sein, um mit der Erlaubnis der Eltern zu heiraten.
4 Man muß 17 sein, um ein Auto zu fahren.
5 Man muß 16 sein, um in eine Gaststätte zu gehen.
6 Man muß 16 sein, um eine Zigarette zu rauchen.
7 Man muß 14 sein, um seine Religion selbst zu wählen.
8 Man muß 16 sein, um Kognak zu trinken.
9 Man muß 18 sein, um seinen Namen zu ändern.
10 Man muß 14 sein, um in den Ferien zu arbeiten.

Die richtigen Antworten sind auf Kassette.

 **3** **Wie alt sind sie?**

4

**4  Erlaubt oder nicht erlaubt?**
Sieh dir jedes Bild genau an.
Lies noch einmal die Informationen links.
Notiere, ob die Situation erlaubt ist oder nicht.

*Beispiel:*
1 Das ist erlaubt.

**5  Miniprojekt**
Wie ist das Jugendgesetz in Großbritannien?
Vergleiche die Jugendgesetze in Deutschland und in Großbritannien.

● Mach ein Poster, oder
● Schreib ein Dokument.

| Mit 15 | | ein Mofa fahren. |
|--------|--------|------------------|
| Mit 16 | darf man | rauchen. |
| Mit 18 | | wählen. |

| Man muß 15 sein, | | ein Mofa zu fahren. |
|------------------|----|---------------------|
| Man muß 16 sein, | um | zu rauchen. |
| Man muß 18 sein, | | zu wählen. |

5  **6  Im Internat**

# Problemseite

**1** Wie findest du die Situation in jedem Bild?

| Ich finde | das | komisch/unfair/gemein/gefährlich/traurig/schade/häßlich. |
|-----------|-----|----------------------------------------------------------|
|           | die Situation | toll/normal/lieb. |

**2** Liebe Inge!
Lies diese Briefe, und hör gut zu.
Was ist in jedem Brief das Problem?

**1** Ich (17) war zwei Jahre mit meiner Freundin zusammen. Jetzt hat sie mit mir Schluß gemacht, weil sie einen anderen Jungen kennengelernt hat. Ich verstehe es nicht. Ich bin so traurig. Ich kann sie nicht vergessen. Was soll ich tun?

**2** Ich bin ein 15-jähriges türkisches Mädchen. Ich bin hier geboren. Ich spreche besser Deutsch als Türkisch. Ich kleide mich wie deutsche Mädchen. Aber ich werde von vielen Deutschen nicht akzeptiert und warum? Weil ich Türkin bin. Ich finde es aber toll, wenn ich mit deutschen Freundinnen zusammen in die Stadt gehe. Aber sie tun das nicht mehr. Sie haben Angst vor ein paar Punks. Ich bin so allein. Was soll ich tun?

**3** Ich habe ein sehr großes Problem. Ich habe kein Glück bei den Jungen. Erst sagen sie, daß sie es ernst meinen. Dann treffe ich sie in der Disko, und sie tun, als ob nichts wäre. Finden sie mich so häßlich? Bin ich denn komisch? Alle meine Freundinnen haben einen Freund. Ich weiß nicht, was ich falsch mache.

**4** Ich bin jetzt 15 Jahre alt. Mein Problem ist, daß meine Eltern strikt gegen Trampen sind. Sie finden es zu gefährlich, aber das finde ich so unfair. Die Eltern meiner Schulkameraden haben nichts dagegen.

### 3 Inges Beratung
Hier sind die Antworten.
Welche Antwort paßt zu welchem Brief?

**a**

> Woher kennst Du diese Jungen? Aus der Disko? Solche Typen werden nie feste Freunde. Mach's den Jungen nicht zu leicht.

**b**

> Die Risiken beim Autostop sind statistisch nicht groß, nicht größer als mit dem Fahrrad zur Schule zu fahren. Aber ich finde, Du sollst die Sorgen Deiner Eltern ernst nehmen.

**c**

> Probleme der Ausländerfeindlichkeit sind in jedem Land zu finden. Haß gegen Ausländer ist schwer zu verstehen und bleibt eine häßliche Sache. Erhalte den Kontakt mit deutschen Freundinnen. Vielleicht darfst Du diese netten Freundinnen zu Dir einladen?

**d**

> Dein Liebeskummer ist ganz natürlich. Ich finde es ganz normal, daß Du jetzt so unglücklich bist. Denke ruhig an Deine Ex-Freundin; sei traurig und wütend. Das hilft Dir. Eines Tages ist Dein Liebeskummer nicht mehr so schlimm.

### 4 Miniprojekt
**Partnerarbeit**
Schreibt einen Problembrief zusammen.
Lest den Brief von einem anderen Paar.
Schreibt eine Antwort auf diesen Brief.

## Checkliste

- Ich kann Gründe nennen, warum ich etwas mache oder nicht mache.
- Ich kann sagen, was ich gemacht habe.
- Ich kann meine Probleme besprechen und darüber schreiben.
- Ich verstehe besser die Situation von Jugendlichen in Deutschland.

# Umweltschutz

**Atomkraft** die; *o. Pl.* nuclear power *no indef. art.*

**Müll** der; ~s refuse; rubbish; garbage *(Amer.)* trash *(Amer.); (Industrie~)* (industrial) waste

**Ozon** der *od.* das; ~s ozone

**recyceln** *tr. V.* recycle

**Treib** ~ : ~ **haus das** hothouse; ~ **hauseffekt der** greenhouse effect; ~ **stoff der** fuel

**Um · welt die a)** environment; **b)** *(Menschen)* people *pl.* around sb.

**Verschmutzung** die; ~, ~en *(der Umwelt)* pollution; *(von Stoffen, Teppichen usw.)* soiling

Überall gibt es Umweltprobleme.
Die Umwelt braucht Umweltschutz.

**1A** **Interessierst du dich für die Umwelt?**

**1B** **Ein Worträtsel**

The Federal Ministry of the Interior and the ministers of the Federal states responsible for environmental matters sponsored this symbol in 1977. It consists of the 'Blue Angel' in the UN emblem for the environment, together with an inscription denoting that the product concerned is not harmful to the environment. To date well over 400 products have qualified for this distinction.

im Weltraum

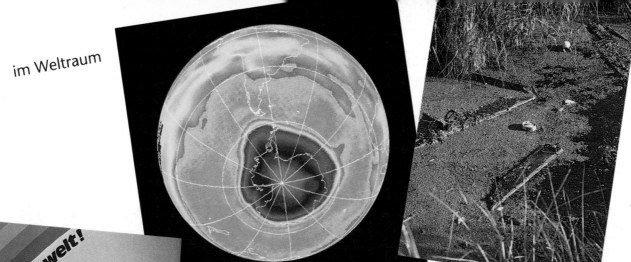

im Garten

im Park

auf dem Lande

im Haushalt

im Ozean

im Regenwald

# Umweltprobleme

**1** **Ein Umweltquiz**

Beanworte die Fragen. Bringe die 16 richtigen Buchstaben
in Ordnung, und du hast ein langes Wort.
Dann kannst du den Satz unten ausfüllen.

|  | *Beispiel:* | Richtig | Falsch |
|---|---|---|---|
| 1 | Radfahren ist umweltfreundlicher als Autofahren. | Ⓛ | C |
| 2 | Saurer Regen ist sehr verschmutzt. | U | N |
| 3 | Den blauen Engel sieht man auf umweltfeindlichen Produkten. | B | T |
| 4 | Man nennt die Aufwärmung der Erde den Treibhauseffekt. | R | L |
| 5 | Spraydosen sind gefährlich für die Umwelt. | H | E |
| 6 | Man sollte alte Batterien in die Mülltonne schmeißen. | U | W |
| 7 | Die Ölreserven gehen nie zu Ende. | W | F |
| 8 | Einwegflaschen sind umweltfreundlicher als Pfandflaschen. | Q | M |
| 9 | Jede Person produziert im Jahr mehr als 300 Kilo Hausmüll. | N | T |
| 10 | Ein Liter Öl verschmutzt eine Million Liter Wasser. | E | Y |
| 11 | Neue Autos müssen einen Katalysator haben. | C | W |
| 12 | Viel Sonne ist gut für die Haut. | N | L |
| 13 | Man muß Make-up an Tieren testen. | J | I |
| 14 | *Greenpeace* ist für Atomkraftwerke. | K | E |
| 15 | Die Regenwälder werden immer kleiner. | U | M |
| 16 | 1,5 Millionen Walfische sind seit 1900 geschlachtet worden. | D | O |

LÖSUNG: Bist du _____?

## 2 Umweltbewußtsein im Haushalt
Wie heißt alles hier auf deutsch?

| | | |
|---|---|---|
| Dosen | eine Stofftasche | Pfandflaschen |
| eine Spraydose | eine Plastiktüte | ein Auto |
| Einwegflaschen | phosphatfreies Reinigungsmittel | |
| ein Fahrrad | phosphatreiches Reinigungsmittel | |
| Pumpspraydosen | recyceltes Umweltschutzschreibpapier | |

## 3 Was ist hier umweltfreundlich oder umweltfeindlich? Mach zwei Listen.

| umweltfreundlich | umweltfeindlich |
|---|---|
| ein Fahrrad | ein Auto |

## 4 Umweltfreundlich oder umweltfeindlich?
Hör gut zu. Was kauft jeder? Ist das umweltfreundlich oder umweltfeindlich?

| Eine Spraydose | ist | umweltfeindlich. |
|---|---|---|
| Pfandflaschen | sind | umweltfreundlich. |

 **5** Ein Umweltschutzposter

# Recycling

## Martin Müllmachers Mülltonne

 **1** Hör gut zu. Was hat der Journalist in Martin Müllmachers Mülltonne gefunden?
*Beispiel:* Er hat viele Weinflaschen gefunden.

**2** Woraus bestehen diese Sachen?

| Was ist hier | aus | Glas?<br>Metall?<br>Papier?<br>Plastik?<br>Pappe?<br>Holz?<br>Stoff? |
|---|---|---|
|  |  |  |

*Beispiel:* Die Flaschen sind aus Glas.

 **3 Die grüne Tonne**
Hör gut zu. Was ist eine *grüne Tonne*? Was kann man da hineinschmeißen?

3A  **4 Was kann man recyceln?**

 **5 Deutschlands Müllproblem**
3B

**6** Wo geht Martins Müll hin – in die grüne Tonne oder in die Mülltonne?

**7** **Frau Grünwald – reformierte Umweltfreundin**
Frau Grünwald ist jetzt umweltfreundlich, aber sie war nicht immer so!
Was sagt sie? Was paßt zusammen?

*Beispiel:*

**a** Früher habe ich aus Dosen getrunken ...

**b** Früher habe ich Spraydosen benutzt ...

**c** Früher habe ich Einwegflaschen gekauft ...

**d** Früher bin ich mit dem Auto zum Supermarkt gefahren ...

**e** Früher habe ich immer eine Plastiktüte verwendet ...

**f** Früher habe ich alles in die Mülltonne geworfen ...

**1** ... aber jetzt sortiere ich meinen Müll.

**2** ... aber jetzt fahre ich mit dem Rad hin.

**3** ... aber jetzt trage ich meine Einkäufe in einer Stofftasche.

**4** ... aber jetzt trinke ich aus Glasflaschen.

**5** ... aber jetzt kaufe ich immer Pumpspraydosen.

**6** ... aber jetzt kaufe ich Pfandflaschen.

# Unsere Wälder sind in Gefahr!

**1** Lies diese Texte.

*Unter den Linden*, Berlin
Die Linde ist ein deutsches Symbol wie
die Eiche in England

*O Tannenbaum – ein Lieblingsweihnachtslied*

O Tannenbaum, O Tannenbaum,
Wie treu sind deine Blätter!
Du grünst nicht nur zur Sommerszeit,
Nein, auch im Winter, wenn es schneit.
O Tannenbaum, O Tannenbaum,
Wie treu sind deine Blätter!

Bäume sind sehr wichtig in der deutschen Tradition.
Zum Beispiel, die Märchen von den Brüdern Grimm
finden oft in einem Wald statt. Die Deutschen
wandern auch gern im Wald. In Süddeutschland gibt
es den Schwarzwald, berühmt für seine
Schwarzwälderkirschtorte. Es gibt zwei Sorten von
Bäumen: erstens den Laubbaum, wie zum Beispiel die
Linde, und zweitens den Nadelbaum, wie zum Beispiel
den Tannenbaum. Ein Laubbaum hat Blätter und ein
Nadelbaum hat natürlich Nadeln.

**2  Warum sterben unsere Bäume?**
Welches Bild paßt zu welchem Text?

a   Die Bäume nehmen saures Wasser aus
dem Boden.

b   Laubbäume verlieren ihre Blätter.

c   Kraftwerke produzieren
Schwefeldioxyd ($SO_2$).

d   Die Bäume sterben.

e   Der saure Regen fällt auf die Bäume.

f   Der Wind transportiert die $SO_2$–
Abgase weiter.

g   Kraftwerke brennen Öl und Kohle.

h   Wasser aus Regen und Nebel macht das
$SO_2$ zu Schwefelsäure ($H_2SO_4$).

i   Tannenbäume verlieren ihre Nadeln.

Die richtige Reihenfolge ist auf der Kassette.

**1**
Mutti – ist es wahr, daß die Regenwälder abgebrannt werden?

**2**
Ja, man sagt, daß wir in Westeuropa teilweise dafür verantwortlich sind.

**3**
Wieso?

**4**
Da man die Bäume abbrennt, um Platz für Rinderzucht zu schaffen.

**5**
Das ist eine Schande! Von nun an werde ich kein Rindfleisch mehr essen, kein Hackfleisch, kein Steak, keinen Rinderbraten ... oh! Es ist schon halb acht! Tschüs Mutti! Ich gehe jetzt mit Jens zu *Quick Mac!*

## WUSSTEN SIE SCHON? N° 1

### Die Tatsachen zu den tropischen Regenwäldern

Es wird immer wieder behauptet, McDonald's sei im Zusammenhang mit der Zucht von Rindern für die Hamburger an der Vernichtung der Regenwälder in Zentral- und Südamerika beteiligt.
TATSACHE IST: NIRGENDS AUF DER WELT IST DIE VERWENDUNG VON RINDERN DURCH McDONALD's EINE BEDROHUNG DER TROPISCHEN REGENWÄLDER!
McDonald's verarbeitet in der Schweiz einheimisches, hundertprozentiges Rindfleisch. In Europa verwendet McDonald's europäische Rinder, in Kanada werden kanadische Rinder und in den Vereinigten Staaten US-Rinder verarbeitet.
Die McDonald's Restaurants in Zentral- und Südamerika (Argentinien, Brasilien, Costa Rica, Guatemala, Mexiko, Panama und Venezuela) arbeiten nur mit Lieferanten zusammen, die dafür garantieren, dass ihre Rinder von seit langem bestehenden Rinderfarmen stammen – und nicht von Regenwald-Land.
Es ist bekannt, dass die Vernichtung der Regenwälder das Gleichgewicht unserer Umwelt bedroht. McDONALD's IST DARAN NICHT BETEILIGT und wird auch in Zukunft alles daran setzen, unsere Umwelt zu schützen. Die Umwelt, von der unsere Zukunft abhängt.

### McDonald's nimmt die Umwelt ernst

Für weitere Informationen schreiben Sie bitte an:
McDonald's Restaurants (Suisse) SA
10, rue de Neuchâtel
1201 Genève
ab 25. Juni 1990:
Centre McDonald's Schweiz
1023 Crissier

100% recycled

Das Familienrestaurant

**3 Die Regenwälder**
Unsere Regenwälder sind auch in Gefahr. Lies dieses Flugblatt von *McDonalds*.

**4 Richtig oder falsch?**
a Rindfleisch kommt von Schweinen.
b Die Regenwälder sind in großer Gefahr.
c In der Schweiz verwenden *McDonalds* Fleisch aus Deutschland für ihre Hamburger.
d Sechs Länder in Zentral- und Südamerika haben *McDonalds* Restaurants.

# Umweltschutz beginnt schon in der Schule!

**1  Eine Umweltinitiative**
Hör zu. Zwei Schüler beschreiben eine Umweltinitiative, die sie in ihrer Schule organisiert haben.
Wie ist die richtige Reihenfolge für diese Bilder?

a

b
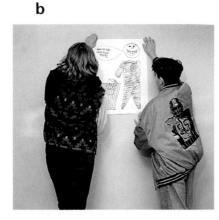

c

d

e

f

**2  Welcher Satz paßt zu welchem Bild?**
1  Müll war ein großes Problem in der Schule.
2  Wir haben Ökoschreibwaren gekauft.
3  Die Schule hat zwei grüne Tonnen gekauft.
4  Die Schuldirektorin hat Altpapier für das Kopiergerät gekauft.
5  Wir haben das Thema Umweltschutz diskutiert.
6  Wir haben viele Posters über unsere Aktion gemacht.

**3  Miniprojekt**
Beschreib diese Umweltaktion für eine Schulzeitung.

| Zuerst | haben die Schüler das Thema Umweltschutz diskutiert. |
|---|---|
| Dann | sind sie zu der Schuldirektorin gegangen. |
| Danach | hat die Schule zwei grüne Tonnen gekauft. |
| Zuletzt | hat die Schuldirektorin Altpapier für das Kopiergerät gekauft. |

## 4 Wie organisiert man eine Umweltinitiative in der Schule?

- Findet einen Lehrer, der helfen will.
- Plant eine Aktion.
- Bekommt vom Direktor Genehmigung.
- Macht am Eingang zur Schule eine Ausstellung, eventuell auf deutsch, über Umweltprobleme.
- Kauft nur Schulhefte und Schreibpapier aus Altpapier.
- Organisiert Tonnen für Alu und Altpapier.
- Schreibt Plakate darüber.

## 5 Umwelttips und Informationen für Schüler

Lies dieses Flugblatt, das eine deutsche Schülerin geschrieben hat.
Welche Produkte passen zu welchem Text?

a

**Tintentod, Tipp-Ex**
Beide hochgiftig, daher nicht benutzen.

**Filzstifte, Buntstifte**
Keine Filzstifte verwenden (giftige Inhaltsstoffe), dafür Buntstifte aus Holz nehmen (weitgehend ohne chemische Zusatzstoffe).

d

b

**Schultasche**
Keine Taschen, Ranzen, Rucksäcke, Koffer aus Kunststoffen, sondern aus Leder oder Stoff verwenden.

**Mäppchen**
Keine Mäppchen aus Plastik kaufen (umweltunfreundliche Herstellung, kurze Lebensdauer, Müllproblem), sondern Mäppchen aus Leder, Holz oder Stoff benutzen.

e

c

**Hefte, Blöcke, Blätter**
Nur aus Umweltschutzpapier – benötigt 98-99 Prozent weniger Frischwasser und 60 Prozent weniger Energie zur Herstellung als weißes Papier.

*zusammengestellt von: Karin Harzenetter, K 12/LK Bio1*

## 6 Miniprojekt

Welche umweltfreundliche Produkte solltest du verwenden?
Mach eine Liste.

# Umweltverschmutzung in der Stadt

**1** Wie heißt das auf deutsch?

| | |
|---|---|
| mit dem Rad fahren | Autoabgase |
| grüne Tonnen | eine Mülltonne |
| Obst und Gemüse kaufen | in der Sonne liegen |
| bleifreies Benzin | Spraydosen benutzen |
| baden | Plastiktüten verwenden |
| viel Waschmittel verwenden | normales Benzin |
| recycelte Schreibwaren verwenden | Stofftaschen verwenden |
| rauchen | saurer Regen |
| Pfandflaschen benutzen | Solarheizung |
| Bäume sterben | Bäume pflanzen |
| sich duschen | industrielle Verschmutzung |

**2   Was ist hier umweltfreundlich oder umweltfeindlich?**
Schreib eine Liste von Stichwörtern.

*Beispiel:*

| umweltfreundlich | umweltfeindlich |
|---|---|
| Solarheizung | Autoabgase |

**3   Was können wir für die Umwelt tun?**

| Wir sollten | Bioprodukte/ Pfandflaschen | kaufen. | ✔ |
|---|---|---|---|
| Wir können | grüne Tonnen | benutzen. | |
| | mehr Bäume | pflanzen. | |

| Wir sollten | keine Plastiktüten keine Spraydosen | verwenden. kaufen. | ✗ |
|---|---|---|---|
| | nicht | rauchen. | |

**4   Jetzt bist du dran!**
  **a** Was machst du für die Umwelt? Schreib eine Liste.
   *Beispiel:* Ich fahre mit dem Rad.
        Beim Einkaufen benutze ich eine Stofftasche.

   Hier sind einige weitere Vorschläge:

  **b** Schreib an eine Umweltorganisation für weitere Informationen:

GREENPEACE
Hohe Brücke 1
Haus der Seefahrt
2000 Hamburg 11

Bundesministerium für Umwelt
Naturschutz und Reaktorsicherheit
Kennedyallee 5
5300 Bonn 1

Bund für Umwelt und Naturschutz
Friedrich-Breuer-Str. 86
5300 Bonn 3

Umweltbundesamt
Bismarckplatz 1
1000 Berlin 33

  **c** Kauf nur recyceltes Papier für die Schule und Briefe schreiben.

4   **5   Das Umweltschutzspiel**

## Checkliste

● Ich habe 5/10/15/20 neue Wörter gelernt und aufgeschrieben.
● Ich kann 2/4/6 Umweltprobleme auf deutsch nennen.
● Ich mache etwas für die Umwelt:-
   zu Hause/in der Stadt/auf dem Lande,
   und ich kann auf deutsch sagen, was ich mache.

# Zum Lesen

**1** Was liest du gern?

**2** Wie oft liest du ein Buch?

**3** Wie heißt die Geschichte?
Welcher Titel paßt zu welcher Geschichte?

a Ein Junge und ein Mädchen verlieben
sich, aber die Eltern sind dagegen und
erlauben ihnen nicht, sich miteinander
zu treffen. Weil ihre Liebe verboten ist,
nehmen sie Gift und sterben.

b Ein Mädchen muß ihre Großmutter
besuchen, weil sie krank ist. Aber sie
findet nicht ihre Großmutter im Bett,
sondern einen Wolf ...

c Ein Junge beschreibt seine Probleme
mit der Schule, Mädchen, seinen Eltern
und Pickeln.

d Ein Mann verkauft seine Seele an den
Teufel Mephistopheles.

e Ein Junge und ein Mädchen finden ein
altes Haus im Wald. Eine alte Dame
lädt die beiden in das Haus ein, aber
dann stößt sie den Jungen in einen
Käfig, weil sie ihn essen will ...

Hänsel *und* Gretel

ROMEO UND JULIA

Rotkäppchen

FAUST

Das (geheime) Tagebuch
von **Adrian Mole**

**4** Beschreib dein Lieblingsbuch.

| Mein Lieblingsbuch ist | **ein Abenteuerbuch/ein Theaterstück/**<br>**eine romantische Geschichte/ein Science-fiction-Roman/**<br>**ein historischer Roman/eine Bibliographie.** |
|---|---|

| Das Buch heißt ... | |
|---|---|

| Das Buch spielt | **im 17. Jahrhundert/in der Gegenwart/in der Zukunft.** |
|---|---|

| Die Hauptcharakter heißen ... | |
|---|---|

# Max und Moritz

*von Wilhelm Busch*

Lies die Geschichte.

## Sechster Streich

In der schönen Osterzeit,
Wenn die frommen Bäckersleut
Viele süße Zuckersachen
Backen und zurechtemachen,
Wünschten Max und Moritz auch
Sich so etwas zum Gebrauch.

Doch der Bäcker, mit Bedacht,
Hat das Backhaus zugemacht.

Also, will hier einer stehlen,
Muß er durch den Schlot sich quälen.

Ratsch! da kommen die zwei Knaben
Durch den Schornstein, schwarz wie Raben.

Puff! sie fallen in die Kist,
Wo das Mehl darinnen ist!

Da! nun sind sie alle beide
Rundherum so weiß wie Kreide.

Aber schon mit viel Vergnügen
Sehen sie die Brezeln liegen.

Knacks! da bricht der Stuhl entzwei;

Schwapp! da liegen sie im Brei.

Ganz von Kuchenteig umhüllt,
Stehn sie da als Jammerbild. –

Ruff! man zieht sie aus der Glut;
Denn nun sind sie braun und gut! –

Gleich erscheint der Meister Bäcker
Und bemerkt die Zuckerlecker.

Jeder denkt: die sind perdü!
Aber nein – noch leben sie.

Eins, zwei, drei, eh man's gedacht,
Sind zwei Brote draus gemacht!

Knusper, knasper! wie zwei Mäuse
Fressen sie durch das Gehäuse;

In dem Ofen glüht es noch –
Ruff! damit ins Ofenloch!

Und der Meister Bäcker schrie:
„Ach herrje, da laufen sie!"

Dieses war der sechste Streich,
Doch der letzte folgt sogleich.

1 + 2

# '... und plötzlich willste mehr'

Die Geschichte von Paul und Paulas erster Liebe

*erzählt von Helma Fehrmann und Peter Weismann*

Lies die Geschichten.

**Paul und Paula sind heute abend ausgegangen. Sie besprechen, wann sie zu Hause sein müssen.**

*Später:*

Sie gehen die Straße entlang. Es ist halb elf.

„Mußt du immer so früh zuhause sein?" fragt Paul.

„Ja, außer manchmal."

„Wie lange darfst du da?"

„Bis elf, manchmal bis zwölf."

„Wer ist denn schärfer? Dein Vater oder deine Mutter?"

„Wie meinst'n das?"

„Mit wem kriegst du mehr Stunk, wenn du später kommst?"

„Mit meinem Vater", sagt Paula, „aber ich mach mir nichts draus. Und du?"

Ich könnte die ganze Nacht mit dir gehen, denkt er und sagt:

„Och, meine Alten sagen nichts."

„Kannst du nach Hause kommen wann du willst?"

„Ja schon. Aber ich will nicht."

**Paul lädt Paula ein, mit ihm morgen schwimmen zu gehen.**

„Wie alt bist du eigentlich?" fragt Paula.

„In zwei Jahren bin ich volljährig", sagt Paul. „Und du?"

„Knapp fünfzehn."

„Sieht man dir gar nicht an."

„Wie meinst'n das?"

„Ich mein, du siehst ... du wirkst irgendwie reifer."

„Findste? Hat dir das Klassenfest gefallen?"

„Klar!" sagt Paul.

„Und das Tanzen?"

„Auch. Gehste morgen mit Schwimmen?"

„Mal sehen", sagt Paula. „Wenn nichts dazwischen kommt."

„Da oben, siehst du? Der große Bär."

„Wo?" fragt Paula.

Paul stellt sich nah neben sie und legt seinen Arm um ihre Schultern und zeigt zum Himmel.

Paul hätte stundenlang so stehen können. Paula auch.

„Ich muß mich beeilen", sagt Paula.

„Schade! Und was ist mit morgen? Mit dem Schwimmen?"

„Ich komme!" sagt Paula.

**Am Abend:**
**Paulas Vater will wissen, warum sie so**
**spät nach Hause gekommen ist.**

Mit diesem Empfang hatte sie gerechnet.
Ihr Vater stand im Flur und klopfte mit seinem Zeigefinger auf
die Armbanduhr.
„Ich weiß", sagte sie nachgiebig. „Ich habe total die Zeit
vergessen." Sie hängte ihre Jacke an die Garderobe.
„Die Zeit vergessen?! Hast du eine Erklärung dafür?"
Der Vater wartete auf die Antwort. Sie blieb im Halbdunkel der
Garderobe, dachte an ihr aufgerubbeltes Kinn, fummelte an ihrer
Jackentasche. Dachte: Nur nicht ans Licht gehen. Murmelte was
von neuem Antrag für die Schülermonatskarte, und
unterschreiben.
„Und Telefon ist ein Fremdwort für dich, wie?"
Der Vater schaute sie an.
„Ich konnte nicht telefonieren."
„Und warum nicht, wenn ich fragen darf?"
„Weil da kein Telefon ist."
„Wo ist denn das, wo kein Telefon ist?"
„Wir waren in der Laube von Klettes Eltern."
„Und wer ist wir?"
„Welche aus meiner Klasse."
„Und wer ist welche?"
„Kiki, Baumi, Olaf, der Voss, Paul, Anni, Marlene, die ging
aber bald.
 Und Klette."
„Geht Paul neuerdings in deine Klasse?"
„Nö, aber der ist mit Klette befreundet."
„Mit Klette?", sagte Vater und nach einer Pause: „Aha!"
„Ich bin auch mit ihm befreundet", sagte Paula.

# Mein Vater ist ein Supermann

*von Irene Rodrian*

Lies die Geschichte.

**Dagmar ist aus einer kleinen Stadt, die Prien heißt, nach München umgezogen. Heute beginnt sie an ihrer neuen Schule.**

Die Schule in Prien war modern und hell gewesen. So ein langweiliger Klotz aus Glas und Beton. Die Schule hier war ganz anders. Romantisch. Roter Backstein mit einem Türmchen auf dem Dach und einer Uhr daran. Dagmar war zu früh dran. Im Hof standen nur ein verstaubter Baum und ein paar Blumentöpfe, aber das war auch nicht wichtig. Sie ging hinein. Schon die Tür war anders. Schwer und aus Holz.

Innen roch es genauso wie in Prien. Nach Schule eben. Und doch auch wieder anders. Älter, staubiger, muffiger. Breite Gänge und eine flachstufige Treppe mit verschnörkeltem Geländer. Vor den einzelnen Klassenzimmern Gruppen von Schülern, ab und zu ein abgehetzter Erwachsener. Alles war so wie in Prien und doch vollkommen verschieden. Gesichter wandten sich ihr kurz zu und wieder ab. Fremd. Sie bekam Angst, blieb stehen. Eine Lehrerin kam hereingerannt. Jeans und Samtwestchen. Sie sah aus, als hätte sie selber erst vor kurzem Abitur gemacht. Sie lief an Dagmar vorbei.

«Entschuldigung ...» Dagmar eilte hinterher, « die 7b, ich bin neu, wo ist ...» Die Lehrerin winkte mit dem Kopf zu einem Gang hin und verschwand in einem Zimmer. Dagmar ging immer langsamer. Der Gang war so düster, daß sogar jetzt am hellichten Tag die Deckenleuchten brannten. Viel half es auch nicht. Dagmar starrte auf die kleinen Schilder neben den Türen. Sekretariat. Sie klopfte an. Niemand antwortete, sie klopfte noch einmal. Wieder keine Antwort. Innen waren Stimmen, das Läuten von einem Telefon. Zaghaft machte sie die Tür auf und schob sich in das Zimmer. Ein Raum mit zwei Schreibtischen und zwei Verbindungstüren. Leute rannten hin und her, Schüler standen herum, hinter einem Schreibtisch telefonierte eine ältere Frau mit hochgestecktem Haar. Dagmar blieb neben der Tür stehen und wartete. Schaute auf die Uhr. Gleich acht. Die Schüler wurden weniger.

Draußen auf den Gängen Schrittetrappeln und
Stimmenlärm. Sie trocknete sich die Hände an den
Jeansbeinen ab. Die Frau am Schreibtisch schaute
endlich zu ihr her. «Na?!»

«Ich ...» Dagmar mußte sich räuspern, «ich heiße
Dagmar Ehlers, ich bin neu hier. Ich soll in die 7b.
Wo ist die bitte?»

Die Frau sah in einer Liste nach. «Erster Stock, dritte
links. Beeil dich.» Dagmar drehte sich um. «Halt, wart
mal. Du bist neu, ja?» Die Frau kramte in einer
Schublade und holte ein Formular heraus. «Dein
Personalbogen. Ausfüllen, von den Eltern
unterschreiben lassen und zurückbringen.» Dagmar
nahm das Blatt und ging hinaus.

4

# Rumpelstilzchen

*ein Märchen von den Brüdern Grimm*

Lies die Geschichte.

Es war einmal ein armer Müller. Eines Tages traf er sich mit dem König. Er wollte natürlich auf den König einen guten Eindruck machen. Deshalb sagte er ihm, daß seine Tochter Gold spinnen kann. Der König sagte dem Müller, daß er seine Tochter am nächsten Tag zum Schloß bringen soll.

Am nächsten Tag kam die Tochter zum Schloß, und der König brachte sie in ein Zimmer voll mit Stroh, und in der Mitte des Zimmers stand ein Spinnrad. ,,Wenn du bis morgen dieses Stroh nicht zu Gold versponnen hast, so mußt du sterben." Dann schloß er das Zimmer, und das Mädchen war ganz allein. Das Mädchen wußte gar nicht, was sie machen sollte, und schließlich begann sie zu weinen. Plötzlich kam ein kleiner Mann ins Zimmer. ,,Warum weinst du?" fragte das Männchen. ,,Ich soll Stroh zu Gold spinnen und verstehe das gar nicht." ,,Was gibst du mir, wenn ich das Stroh spinne?" ,,Meine Kette", sagte das Mädchen. Das Männchen nahm die Kette und begann zu spinnen.

Bei Sonnnenaufgang kam der König zurück. Er war natürlich sehr glücklich, das Gold zu finden, und führte das Mädchen in ein größeres Zimmer. ,,Wenn du bis morgen dieses Stroh nicht zu Gold versponnen hast, so mußt du sterben." Dann schloß er das Zimmer, und das Mädchen war noch einmal ganz allein. Das Mädchen wußte gar nicht, was sie machen sollte und begann wieder zu weinen. Plötzlich kam der kleine Mann ins Zimmer. ,,Was gibst du mir, wenn ich das Stroh spinne?" ,,Meinen Ring", sagte das Mädchen. Das Männchen nahm den Ring und begann zu spinnen.

Bei Sonnnenaufgang kam der König zurück. Er war natürlich sehr glücklich, das Gold zu finden, und führte das Mädchen in ein noch größeres Zimmer. ,,Wenn du bis morgen dieses Stroh nicht zu Gold versponnen hast, so mußt du sterben. Wenn du das aber machst, dann werde ich dich heiraten." Dann schloß er das Zimmer, und das Mädchen war noch einmal ganz allein. Was sollte sie machen? Wieder kam der kleine Mann ins Zimmer. ,,Was gibst du mir, wenn ich das Stroh spinne?" ,,Ich habe nichts mehr, was ich dir geben könnte", antwortete das Mädchen. ,,Also, wenn du Königin bist, dann mußt du mir dein erstes Kind geben." Das Mädchen versprach ihm das, und dann begann das Männchen zu spinnen. Am nächsten Tag kam der König zurück. Er war sehr froh, und am selben Tag heiratete er das Mädchen. So wurde eine Müllerstochter die Königin.

Ein Jahr später bekam die Königin ein schönes Kind. Sie hatte das Männchen vergessen, aber eines Tages kam er in ihr Zimmer. „Nun gib mir, was du versprochen hast." „Du kannst doch so viel Geld und Gold haben, wie du willst, aber bitte nimm mein Kind doch nicht!", antwortete die Königin. „Nein, ich will kein Gold oder Geld. Ich will lieber etwas Lebendiges haben." Die Königin begann zu weinen. Deshalb sagte das Männchen: „Also, drei Tage will ich dir Zeit lassen. Wenn du bis dahin meinen Namen weißt, dann darfst du dein Kind behalten."

Nun begann die Königin nachzudenken, wie er heißen konnte. Sie schickte einen Boten durch das ganze Land, um alle möglichen Namen zu sammeln. Am ersten Abend kam das Männchen wieder. Die Königin begann zu raten: „Heißt du vielleicht Kaspar ... Melchior ... Balthasar ... ?" Aber jedesmal antwortete er: „So heiß' ich nicht." Das gleiche geschah am zweiten Abend. „Heißt du vielleicht Rippenbiest ... Hammelswade oder Schnürbein ... ?" Aber jedesmal antwortete er: „So heiß' ich nicht."

Am dritten Tag kam der Bote wieder zurück. „Ich konnte keine neuen Namen finden, aber ich habe ein kleines Haus in einem Wald gefunden, und vor dem Haus brannte ein Feuer, und um das Feuer tanzte ein kleines Männchen und schrie:

> „Heute back' ich, morgen brau' ich,
> übermorgen hol' ich der Königin ihr Kind.
> Ach, wie gut, daß niemand weiß,
> daß ich Rumpelstilzchen heiß'!"

Am dritten Abend kam das Männchen zurück. „Nun, Königin, wie heiße ich?"

„Heißt du vielleicht Heinz?" „Nein." „Heißt du vielleicht Hans?" „Nein." „Heißt du vielleicht Rumpelstilzchen?"

Das Männchen war sehr zornig, weil sie seinen Namen geraten hatte. Er hatte so eine Wut, daß er sich in zwei Hälften riß!

5

# Freizeit

## 1 Lesetext
Füll diese Tabelle aus.

**DAS NEUESTE:**

# Video-Feten

**Es muß nicht immer Disko sein. Immer mehr junge Leute treffen sich, um sich gemeinsam Videos reinzuzwitschern. Wir hörten uns um …**

**CALINE (19)**
„Ich leihe mir am liebsten Filme wie ‚Rain Man' oder ‚Eine verhängnisvolle Affäre' aus. Es ist irgendwie toll, im warmen Wohnzimmer einen Film anzuschauen, der erst vor kurzem im Kino lief. Ich mag auch Komödien, doch so Beziehungskisten mit tollen Frauen wie Glenn Close in der Hauptrolle reizen mich am meisten."

**ANDREAS (20)**
„Im Sommer setze ich mich lieber an einen See, aber jetzt ist's nirgendwo schöner als daheim vor dem Glotze. Zuletzt habe ich mir ‚Wall Street' mitgenommen, ein Spitzenfilm! Ich stehe auch auf witzige Horrorstreifen und Persiflagen. Gewaltvideos hasse ich."

**RALPH (19)**
„Videoglotzen ist immer noch besser als Spazierengehen. Wir hatten neulich ‚Angel Heart' mit Mickey Rourke, das war schon irre. Ansonsten stehe ich auf Thriller und Komödien, z.B. ‚Beverly Hills Cop'. Die Sprüche darin sind einfach irre. Was ich gar nicht mag, sind diese ‚Ninja'- und ‚Rambo'-Streifen. Dabei geht's ja nur noch ums Töten. Entsetzlich!"

**SANDRA (18)**
„Leider habe ich nicht viel Zeit, um Videos anzusehen. Mein Hobby ist das Tanzen, und das nimmt mich voll in Anspruch. Außerdem gehe ich lieber ins Kino, weil die große Leinwand einen Film ganz anders rüberkommen läßt als ein Fernsehschirm. Zuletzt habe ich ‚Die Farbe Lila' auf Video ausgeliehen. Das war stark. Ansonsten mag ich Komödien, aber auch Abenteuer-Filme wie ‚Indiana Jones'. Auf jeden Fall müssen die Streifen eine Handlung haben."

| Name | Was für Filme mag er/sie? | Was für Filme haßt er/sie? (Wenn er/sie sagt) |
|------|---------------------------|-----------------------------------------------|
|      |                           |                                               |

 **2 Zum Hören**
Wie oft sehen diese Jugendlichen fern oder gehen sie ins Kino? Was sehen sie gern?

**3** Was kann man sonst in seiner Freizeit tun?
Schreib deine eigene Liste.

# Sport und Gesundheit

**1 Lesetext**
Welcher Text paßt zu welchem Bild?

## Check-up für Sportmuffel

**1 Gewichttest:**
Nach einer Faustregel darf Ihr Gewicht Ihre Körpergröße minus 100 (bei Frauen nochmals minus zehn Prozent) nicht übersteigen.

**2 Kneiftest:**
Um den Körperfettanteil abzuschätzen, fassen Sie Ihre Haut mit zwei Fingern neben dem Bauchnabel und anschließend auf der Rückseite des Oberarms zehn Zentimeter oberhalb des Ellenbogens. Wenn die Hautfalte am Bauch 20 bis 30 Millimeter und am Oberarm zehn bis 15 Millimeter überschreitet, empfiehlt sich ein Ausgleich der Kalorienbilanz und ein Aktivprogramm.

**3 Beweglichkeitstest:**
Setzen Sie sich mit gestreckten Beinen auf den Boden und versuchen Sie, mit den Händen so weit wie möglich nach vorne zu greifen. Flexibel ist, wer die Fingerspitzen drei Sekunden lang unterhalb des Knöchels halten kann.

**4 Bauchmuskeltest:**
Legen Sie sich mit angezogenen Beinen auf den Boden und heben Sie den Oberkörper bis zu einer "14- Uhr – Stellung". Wer ohne Probleme zehn Sekunden aushalten kann, hat zumindest eine befriedigende Bauchmuskulatur.

**5 Ausdauertest:**
Wenn Sie nicht in der Lage sind, mehrere Stockwerke Treppensteigen hintereinander in zügigem Tempo zu bewältigen, ohne dabei außer Atem zu kommen, müssen Sie dringend etwas für Ihre Ausdauer tun. Laufen oder Radeln.

 **2 Zum Hören**
Einige junge Leute beschreiben, was sie machen, um gesund zu bleiben. Was sagen sie?

# Wohnsiedlung

## 1  Lesetext
Lies den Prospekt für Ferienhäuser und –wohnungen.

**Ferienclub Erlenbruch e.V**
Erlenbruch 5

Jäger, Riedel + Partner,
Rathausstraße 16,
Tel. 120 40

24 Wohnungen,
ruhig inmitten von
Naturschutzgebiet gelegen;
alle Wohnungen Balkon/Terrasse, Einbauküche,
Geschirrspülautomat, Durchwahltelefon;
Hallenschwimmbad, Sauna, Solarium, Restaurant,
Café-Terrasse, Tiefgarage, 2 km von Ortsmitte,
Hausprospekt. Sonderpreis: Früh- und Spätsaison.

**2 Wohnungen:** 1 Wohn-Schlafzimmer, Einbauküche, Bad/
WC, Balkon, Tiefgaragenplatz; für 2 Personen  **130,-/170,-**

**14 Wohnungen:** je 1 Wohnzimmer mit Eßecke,
1 Schlafzimmer, Einbauküche, Bad/WC, Balkon,
Tiefgaragenplatz; für 4 Personen  **150,-/170,-**

**8 Wohnungen:** (Maisonette) je 1 Wohnzimmer,
2 Schlafzimmer, Einbauküche, Bad/WC, Balkon,
Tiefgaragenplatz; für 6 Personen  **200,-/220,-**

**Ferienhaus im Grund**

Berthold Metzler,
Im Grund 2,
Tel. 15 28

Zentrale ruhige Lage,
Nähe Kurhaus, Liegewiese,
Sauna auf Wunsch;
Sonderpreis: Früh- und
Spätsaison.

**2 Wohnungen:** je 1 Wohnzimmer, 1 Schlafzimmer,
Kochnische, Dusche/WC, Balkon, TV; für 2 Personen
**50,-/55,-**

**2 Wohnungen:** je 1 Wohnzimmer, 2 Schlafzimmer, Küche,
Dusche oder Bad/WC, Balkon, TV; für 4 Personen
**70,-/85,-**

**Ferienhaus Ospelehof**

Hermann Braun,
Windeck 2,
Tel. 205

Ruhige Lage, Nähe
Bauernhof und Wald;
Liegewiese,
Kinderspielplatz, Loipe am
Haus, Reitmöglichkeit und Skilift in unmittelbarer Nähe;
Sonderpreis: Früh- und Spätsaison; Hausprospekt.

**4 Wohnungen:** je 1 Wohnschlafzimmer, 1 Schlafzimmer,
Kochnische, Bad/Dusche/WC, TV-Anschluß, Balkon;
für 2-4 Personen  **48,-/60,-**

**Ferienhaus Schön**

Irmgard Schön,
Birkenweg 16,
Tel. 1280

Ruhige, sonnige Lage,
Loipe am Haus,
Liegewiese, Kinderbett,
Waschmaschine.
Alle Wohnungen mit Telefon, Farb-TV, Garage.
Sonderpreis: Früh- und Spätsaison.

**1 Wohnung:** 1 Wohnzimmer, 1 Schlafzimmer, Kochnische
mit Eßecke, Bad/Dusche/WC, Terrasse; für 2-4 Personen
**80,-/98,-**

**1 Wohnung:** 1 Wohnschlafzimmer, 1 Einzelzimmer,
Kochnische mit Eßecke, Dusche/WC, Terrasse;
für 1-3 Personen  **60,-/78,-**

**1 Wohnung:** 1 Wohnzimmer, 1 Schlafzimmer, Kochnische
mit Eßecke, offener Kamin, Bad/DU/WC, Balkon;
für 2-3 Personen  **65,-/80,-**

**1 Wohnung:** 1 Wohnschlafzimmer, Kochnische
mit Eßecke, Dusche/WC, Terrasse o. Balkon;
für 1-2 Personen  **38,-/49,-**

### Ferienhaus Seitz

Edith M. Seitz,
Rappeneckweg 27,
Tel. 17 49 u. 54 49

Ruhige Lage am Wald,
Liegewiese, Garage,
Farb-TV.
Hunde erlaubt.

**1 Wohnung:** 1 Wohnschlafzimmer, kleine Küche,
Dusche/WC; für 2 Personen  35,-/54,-

**1 Wohnung:** 1 Wohnzimmer, 1 Schlafzimmer, kleine Küche,
Dusche/WC, Balkon; für 2-3 Personen  45,-/78,-

### Ferienhaus an der Sonne

Maria Wilde,
Bühlhofweg 2,
7820 Titisee-Neustadt,
Tel. 2 43

Haus in sonniger Südlage
mit Blick auf den See;
Liegewiesen am Haus und
am eigenen Strand; Seegrundstück ideal für Angel- und
Wassersport; Alle Wohnungen haben Farbfernsehen;
Grillplatz, Garagen möglich; Sonderpreis: Früh- und
Spätsaison.

**2 Wohnungen:** je 1 Wohnschlafzimmer, Küche, Bad/
Dusche/WC; für 2 Personen  65,-

**1 Wohnung:** 1 Wohnschlafzimmer, 1 Kinderzimmer,
Kochnische, Dusche/WC; für 3 Personen  80,-

**1 Wohnung:** 1 Wohnzimmer, 2 Schlafzimmer, Küche,
Dusche/WC; für 4-6 Personen  100,-/110,-

**1 Wohnung:** 1 Wohnschlafzimmer, 1 Schlafzimmer,
Kochnische, Dusche/WC; für 4 Personen  90,-/100,-

### Ferienhaus Sonnenbühl

Erich Dreher,
Sonnenbühlweg 1,
Tel. 13 96

Haus auch für
Rollstuhlfahrer geeignet;
Liegeterrasse, Nähe
Tennisplatz;
Endreinigung DM 30,-

**3 Wohnungen:** je 1 Wohnzimmer, 2 Schlafzimmer, Küche,
Bad/WC, Telefon, Farb-TV, z.T. Balkon; für 4-6 Personen
55,-/75,-

**2 Wohnungen:** 1 Wohnschlafzimmer, 1 Schlafzimmer,
Küche, Dusche/WC, Farb-TV, Balkon; für 2-4 Personen
55,-/65,-

## Welches Ferienhaus wäre gut für diese Familien?

**a** Familie Schröder – 2 Personen – suchen ruhige Lage –
nehmen den Hund mit.

**b** Familie Krauser – 6 Personen – Herr Krauser ist behindert
(fährt Rollstuhl) –  Kinder spielen gern Tennis.

**c** Familie Becker – 3 Personen (1 Baby) –  möchten 1 Woche bleiben –
Haus muß Waschmaschine  haben –  lieber auch Farbfernseher.

**d** Karin Koch – angelt gern – treibt gern Wassersport –
Blick auf den See wäre ein Vorteil.

**e** Familie Schmitz – 5 Personen – Frau Schmitz spült nicht
gern ab – alle schwimmen gern – essen auch gern im Restaurant.

**f** Hanno Erlitz – sucht Urlaub im Wald – möchte reiten,
Skifahren, mitten in der Natur sein.

**2  Zum Hören**
Diese Jugendlichen beschreiben, wo sie später
wohnen möchten. Was sagen sie?

# Meine Stadt

**1** **Lesetext**
Woher kommen diese Touristen?
Wie finden sie München?
Füll die Tabelle aus.

## Interview der Woche

München auf dem Weg zur freudlosen Stadt – Szenelokale, Jazzkneipen, Musikhallen und Biergärten kämpfen gegen die vorgezogene Sperrstunde, fürchten das Aus. Gehört die vielgerühmte Liberalitas Bavariae in der Hauptstadt der Bayern bald der Vergangenheit an? Was sagen Außenstehende dazu, wie sehen die Besucher München? Die *Abendzeitung* fragte Touristen:

# Was fehlt Ihnen in München?

Gliceria Soriano (43) von den Philippinen: „Uns fehlt gar nichts, aber wir sind auch erst heute mittag gekommen. Vor sechs Jahren war ich schon einmal hier, auch da hat es mir gut gefallen. München ist für mich eine Stadt, die man nicht verpassen darf."

Akihiro Naraki (31) mit Söhnchen Takohiro (10 Monate) aus Japan: *„Wir haben in diesem Urlaub schon London und Paris besucht und sind seit gestern in München. Ehrlich gesagt, gefällt es mir hier am besten. Die Münchner sind sehr freundlich, ich vermisse in dieser Stadt bisher wirklich nichts."*

Hub Grooten (30) aus Holland: „Was ich vermisse, sind Biergärten und Terrassenrestaurants. Wenigstens habe ich noch keine gesehen. Das erwartet man von den Bayern. Ansonsten hat München viele Attraktionen. Heute war ich in den Bavaria-Studios."

Tchuam Honoré (40) aus Kamerun: *„Ich bin mit meinem Freund seit vier Wochen in München. Was mir fehlt, ist die Freundlichkeit der Menschen. Das hat mich sehr enttäuscht. Erst gestern hat man uns in einem Restaurant am Marienplatz einfach nicht bedient."*

Rosemaria Perez (22, v.l.), Sandra Martinez (21) und Theresa Rosalis (20) aus Barcelona: „Wir finden München sehr, sehr schön und vermissen überhaupt nichts. Vielleicht wäre alles noch schöner, wenn nicht so viele Touristen in der Stadt wären, und wenn etwas weniger Gedränge herrschen würden."

Radomir Golas (30) aus der Tschechoslowakei: *„München ist eine freundliche Stadt. Vor zwei Tagen sind wir aus Amsterdam gekommen, da hat es mir ehrlich gesagt besser gefallen. Da geht alles lockerer zu."*

Interview: keb,
Fotos: Daniel
Hintersteiner

| Name | kommt aus ... | findet München ... |
|------|---------------|--------------------|
|      |               |                    |

**2** **Zum Hören**
Wie finden diese jungen Leute ihre Stadt?
Was gibt es für junge Leute zu machen?

# Inselträume

*Sie sind auf Menorca*

**1 Lesetext**
Finde die Antworten
auf die Fragen.

## Eine Insel mit Organisation

### WÄHRUNG UND GELDWECHSEL

Zahlungsmittel ist auf Menorca die spanische Pesete. Gelegenheit zum Geldumtausch besteht in Hotels, Reisebüros, bei Autovermietungen, in Ferienanlagen und natürlich bei den Banken und Sparkassen, die von Montag bis Freitag während der Sommermonate und einschließlich Samstag während des restlichen Jahres geöffnet sind.

### KRAFTSTOFFE

An den Tankstellen werden Normalbenzin (92 Oktan), Super (97 Oktan) und Diesel angeboten. Es gibt dort auch Eiswürfel, Zeitungen und Erfrischungen. In Mao sind drei, in Ciutadella zwei, und auf der Straße von Mao nach Fornells eine Tankstelle.

### ELEKTRIZITÄT

Normalerweise hat der Strom auf Menorca 220 Volt und nur noch selten findet man 125 Volt.

### POST UND TELEGRAMME

Briefmarken sind auf der Post und in Tabakgeschäften zu kaufen. Briefkästen haben eine typische gelbrote Farbe. Gebühren im Inland für Briefe und Postkarten 20 Peseten, nach EG Ländern 45 Peseten und für alle übrigen Länder 50 Peseten. Auf den Postämtern finden Sie Telegrammannahmen, Telex und Fax.

### APOTHEKEN

Apotheken sind mit einem grünen oder roten Kreuz gekennzeichnet. Normalerweise sind sie von 9 – 13.30 Uhr und von 16.30 bis 20 Uhr von Montag bis Freitag geöffnet. Samstags von 9 – 13 Uhr. Für Notfälle stehen rund um die Uhr ein Dienst in Mao und einer in Ciutadella zur Verfügung. In den kleineren Ortschaften werden die Apotheken nur geöffnet, wenn man die Polizei benachrichtigt. Die meisten Medikamente sind rezeptpflichtig.

### TELEFON UND FAX

Für Anrufe aus Telefonzellen können Münzen von 5, 25, 50 und 100 Peseten verwendet werden. Auskunft findet man in den Telefonbüchern oder unter der Nummer 003. Telefonische Telegrammaufnahme 363895. Die meisten Hotels mit drei oder mehr Sternen haben Telex und Fax.

### FERNSEHNACHRICHTEN IN FÜNF SPRACHEN

Während der Sommermonate sendet das Regionalfernsehen TV3 täglich Nachrichten in Englisch, Französisch, Deutsch, Italienisch und Niederländisch.

### ÖFFNUNGSZEITEN DER LADENGESCHÄFTE

Die Öffnungszeiten sind normalerweise von 9.30 bis 13.30 Uhr und von 17 bis 20 Uhr. Geschäfte an Stränden oder in Anlagen bleiben oft auch mittags geöffnet oder schließen abends später.

### FREMDENVERKEHRSBÜROS

Diese Büros geben Ihnen jede Art von Auskünften. Telefon 363700, Plaza Esplanada 40 in Mao.

### INFORMATION

Im Rathaus von Mao gibt es unter der Rufnummer 900 300 584 einen weiteren kostenlosen Auskunftsdienst.

### FLUGLINIEN

Die telefonische Auskunft im Flughafen von Menorca ist unter der Nummer 360150 zu erreichen; außerdem kann man Informationen in jedem Reisebüro erhalten.

### KONSULATE

Die Telefonnummer der ausländischen Konsulate sind folgende: Deutschland 369021, Frankreich 366262, 366969, Großbritannien 366439, Italien 363393, Niederlande 362741, 362703, USA 361624.

**2** Wieviel Tankstellen gibt es auf der Insel?

**2** Wann sind die Apotheken samstags geöffnet?

**3** Was kostet eine Postkarte nach Deutschland?

**4** Wie bekomme ich Informationen über Flüge?

**1** Wo kann ich mein Geld wechseln?

**5** Wie ist die Telefonnummer des Verkehrsamts?

**6** In welchen Fremdsprachen gibt es Nachrichtensendungen im Fernsehen?

**7**

**2 Zum Hören**
Wohin sind diese Leute letztes Jahr im Urlaub gefahren?
Was haben sie alles gemacht?

# Schulzeitung

**1  Lesetext**
Was macht der Hausmeister?
Nenne zehn Pflichten auf englisch.

**2**  Schreib das Gedicht auf englisch.

### Hausmeister

Zuständig für:

Alles, z.B.
Brezeln
Clopapier
Dumme Sprüche
Erznarren-Ernennung
Fische
Gekühlte Getränke
Heizung
Interessante Neuigkeiten
Jalousiekurbeln
Kalauer
Leuchtstoffröhren
Mobiliar
Nußhörnchen
Ostfriesenwitze
Post
Quatschmachen
Ruhe bewahren
Schulgelände
Tafelkreide
Ulk
Verlorene Schlüssel
Wasserhähne
X-beliebiges
Y (man kann nicht alles können)
Zuschließen

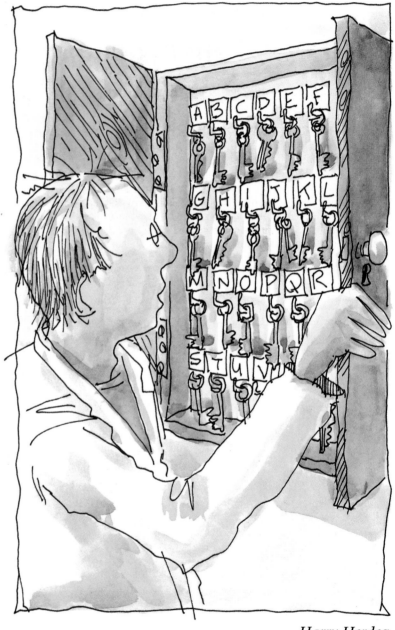

*Harry Herdeg*

**3  Zum Hören**
Diese deutschen Schüler und Schülerinnen machen
einen Schulaustausch.
Welche Unterschiede finden sie zwischen Großbritannien
und Deutschland?

# Arbeitspraktikum

## FERIENJOBS

**Die Ferien sind da. Wer Lust hat, einen Teil davon zu nutzen, um seine Finanzen aufzubessern, findet hier Tips ...**

Wenn Du noch nicht 15 bist, darfst Du höchstens zwei Stunden pro Tag leichte Arbeiten machen. Das sind zum Beispiel: Zeitungen austragen, Besorgungen erledigen, Hunde Gassi führen, Babysitten oder Nachhilfestunden geben. Solche Jobs bekommst Du meist über den Bekanntenkreis Deiner Eltern (frag' einfach Deine Mutter, ob jemand, den sie kennt, ein Baby hat). Eine andere Möglichkeit sind die „schwarzen Bretter" in Supermärkten oder der Kleinanzeigenteil von Zeitungen. Dort stehen immer wieder Anzeigen von Leuten, die einen Babysitter oder ähnliches suchen. Oft lohnt es sich, selbst eine Anzeige aufzugeben. Die sind in manchen Spezial-Anzeigenblättern sogar kostenlos.

### WIE BEKOMMT MAN EINEN FERIENJOB?

Bestimmt gibt es in Deiner Nähe einen oder mehrere große Betriebe. Dort werden zur Ferienzeit fast immer Aushilfskräfte gesucht. Am besten erkundigst Du Dich bei der Personalabteilung nach einem Job. Voraussetzung ist allerdings, daß Du mindestens 15 Jahre alt bist.

Eine andere Möglichkeit sind Supermärkte oder andere Betriebe wie Gärtnereien, Biergärten oder kleine Geschäfte. Erkundige Dich einfach beim Inhaber oder Marktleiter. Fragen kostet nichts!

Wenn Du auf diese Weise immer noch nichts findest, kannst du Dich auch ans nächste Arbeitsamt wenden.

### ARBEITSZEIT UND -DAUER

Während der Sommerferien dürfen Schülerinnen und Schüler über 15 Jahre einen Ferienjob bis zu einer Dauer von vier Wochen ausüben. Der Rest der Ferien soll der Erholung dienen. Die Arbeitszeit ist auf 40 Stunden wöchentlich und 8 Stunden täglich begrenzt. Wer pro Tag mehr als sechs Stunden arbeitet, dem stehen Pausen von insgesamt 60 Minuten zu.

Ab 13 Jahren darfst Du Arbeiten ausüben, die leicht und laut Gesetz „geeignet" sind. Unter diese Auflage fällt zum Beispiel das Austragen von Zeitungen. Allerdings darf bis zum vollendeten l5. Lebensjahr (15. Geburtstag) nur an Werktagen und höchstens zwei Stunden täglich gearbeitet werden. In der Landwirtschaft darf man bis zu drei Stunden täglich während der Erntezeit arbeiten.

Sobald Du l8 Jahre und älter bist, fallen alle Einschränkungen weg, dann darf man arbeiten, soviel man will. Egal ob Du noch Schüler bist oder nicht.

**1 Lesetext**
Finde die Antworten auf diese Fragen.

**a** Welche Ferienjobs darf man machen, bevor man 15 Jahre alt ist?
**b** Wo kann man einen Ferienjob finden?
**c** Wann und wie lange dürfen Teenager über 15 Jahre arbeiten?

**2 Zum Hören**
Wo haben diese jungen Leute ihr Arbeitspraktikum gemacht?
Wie war es für jeden?

# Medien

### 1 Lesetext

**Ein Tag im Leben einer Radiomoderatorin bei**
*Radio Zürisee.*

Andrea Schwarzenbach ist Moderatorin bei *Radio Zürisee* in der Schweiz. Sie spielt Musik und macht auch Interviews mit Gästen per Telefon oder auch live im Studio. Sie ist Moderatorin bei Früh–, Vormittags–oder auch manchmal Nachmittagssendungen. „Wenn ich um sechs Uhr Frühsendung habe, beginnt der Arbeitstag morgens um vier Uhr. Dazu muß man noch den Arbeitsweg zählen, der in meinem Fall rund eine halbe Stunde ausmacht." *Radio Zürisee* hat ein sehr großes Sendegebiet von vier Kantonen. Deshalb gibt es eine sehr große Auswahl von Sendungen – Popkonzerte sowie Volksmusik, Diskussionen, und jede Stunde Nachrichten. Viele Leute hören Radio unterwegs, weil sie die neuesten Nachrichten und Verkehrsmeldungen hören wollen. Faxmaschinen liefern schnell die Nachrichten direkt ins Studio, und ein Telex ist auch wichtig für Nachrichtensammeln. Andere wollen Unterhaltungsmusik hören, während sie arbeiten oder zu Hause sind. Dafür hat *Radio Zürisee* eine Bibliothek von tausenden Schallplatten und CDs.

Finde die Antworten im Text zum Worträtsel.

1 Jede Stunde gibt es ..... (11)
2 Sie macht Interviews ..... (4) im Studio.
3 Eine ..... (11) liefert schnell Nachrichten ins Studio.

4 *Radio Zürisee* hat ein sehr großes ..... (11).
5 Wenn Andrea Frühschicht hat, dann beginnt der ..... (10) schon um 4 Uhr.
6 Tausende von Schallplatten werden in der ..... (10) gehalten.
7 *Radio Zürisee* sendet allerlei Sorten von ..... (5).
8 Die ..... (11) beginnt um 6 Uhr.
9 Ein ..... (5) ist auch wichtig für Nachrichtensammeln.
10 Andreas Arbeitsweg macht eine ..... (5) Stunde aus.
11 Andrea Schwarzenbach ist Moderatorin ..... (3) *Radio Zürisee*.
12 Die Schweiz ist in ..... (8) eingeteilt.

### 2 Zum Hören
Wie informieren sich diese jungen Leute über die Welt?
Mach Notizen.

# Berufsbewerbung

**1** Lesetext

**ANDREA (15):**
## *Babysitter auf Abruf*

„Ich jobbe nebenher als Babysitter auf Abruf. In manchen Wochen arbeite ich jeden Tag etwa zwei Stunden. Da komme ich mit meinen rund 30 Unterrichtsstunden dann locker auf 40 Stunden, Hausaufgaben und Lernen nicht dazugezählt.

Günstig ist, daß ich Schularbeiten und Babysitten meist gut verbinden kann. Oft muß ich die Kinder ja nur ins Bett bringen. Wenn ich tagsüber auf sie aufpasse, spiele oder male ich mit ihnen. Das Lernen verschiebe ich dann auf später. Zugegeben, manchmal kommt es zu kurz.

Im Monat verdiene ich mir mit dem Babysitten rund 200 Mark dazu. Davon kaufe ich mir meist Kleidung. Die muß ich nämlich selbst zahlen. Taschengeld bekomme ich nicht. Allerdings zahlen mir meine Eltern die Hälfte von dem, was ich brauche, zum Beispiel fürs Weggehen.

Ich mache den Job aber nicht nur, um mehr Geld zu haben. Meine Mutter hat Pflegekinder aufgenommen, und so bin ich mit kleinen Kindern aufgewachsen. Mir macht's einfach Spaß, mit ihnen zusammenzusein. Ich möchte später auch einmal in einem Beruf arbeiten, in dem ich mit Kindern zu tun habe.

In nächster Zeit will ich allerdings etwas weniger arbeiten. Denn sonst sehe ich meinen Freund kaum noch. Der hat sich schon beschwert, weil ich so gut wie keine Zeit mehr für ihn habe ...“

Finde die Antworten auf die Fragen.
**a** Wie verdient Andrea Geld?
**b** Wieviel Stunden arbeitet sie?
**c** Was macht sie mit den Kindern?
**d** Wieviel Geld verdient sie dabei?
**e** Was macht sie mit dem Geld?
**f** Warum macht sie den Job gern?
**g** Was ist der Nachteil von diesem Job?

 **2** **Zum Hören**
Was wollen diese Jugendlichen später als Beruf machen?
Was für eine Ausbildung muß man haben?

# Jugendprobleme

### 1 Lesetext
Welches Gedicht behandelt welches Problem?

## ANGST

Ich habe Angst,
Angst vor der Zukunft,
Angst vor mir selbst.
Ich versuche, sie zu
bekämpfen,
doch ich schaffe es nicht.
Die Angst,
sie ist zu groß,
sie sitzt zu tief drin,
sie umhüllt mich wie die
Schale den Kern.
Ich muß lernen, diese Angst
zu bekämpfen.
Doch es wird ein harter
Kampf,
ein Kampf mit mir selbst.
Aber ich werde kämpfen,
kämpfen für mich selbst.

*Tina*

## DU UND ICH

Ich versuchte Dich zu hassen,
doch ich konnte es nicht.
Ich wollte schlecht über Dich
reden,
doch ich traute mich nicht.
Ich wollte Dich nie mehr
ansehen,
doch es ging einfach nicht.
Ich wollte andere vor Dir
warnen,
doch sie glaubten mir nicht.
Ich wollte Dich vergessen,
doch es gelang mir noch
nicht.
Ich wollte Dich vor anderen
lächerlich machen,
doch ich schaffte es nicht.
Ich wollte, daß Du zu mir
zurückkehrst,
doch Du kamst nicht.

*I. aus Guben*

**3**

## STELL DIR VOR

Stell Dir vor,
es gibt keine Staaten
und Religionen mehr!
Das zu erreichen,
wäre nicht schwer!
Es gäbe dann
nichts mehr,
wofür man töten und
sterben kann.
Stell Dir vor,
alle Menschen würden
in Frieden leben.
Es lohnt sich doch,
danach zu streben.
Laß uns hierzu
Vorbild sein,
ein Leben
ohne Qual und Pein.
Stell Dir vor,
kein Kampf um Siege,
keine Waffen,
keine Kriege.
Alle Menschen
wären Brüder.
Liebe hieße dann
der Sieger!
Stell Dir vor,
es gibt keine
Hungersnot,
jedem Wasser, jedem
Brot.
Alles hat
ein Recht auf Leben,
welches die Natur
gegeben.
Ich bin ein Träumer,
magst Du sagen,
doch ich träume
nicht allein.
Unsere Kinder werden
fragen:
„Warum kann das
nicht Wirklichkeit sein?"

*Tanja B.*

**a** Ein Junge schreibt über seine Ex-Freundin. Er will schlecht über sie reden, aber er kann es nicht. Er liebt sie noch.

**b** Ein Mädchen schreibt über Friedensthemen – es wäre schön, wenn die größten Weltprobleme wie Hunger, Krieg und Haß vorbei wären.

**c** Ein Mädchen schreibt über ihre große Angst vor der Zukunft und auch vor ihr selbst. Sie muß versuchen, diese Angst zu überwinden.

### 2 Zum Hören
Wie kommen diese Jugendlichen mit ihren Eltern aus?
Worüber streiten sie?

# Umweltschutz

## 1 Lesetext

Hier sind Auszüge aus dem *Deutschen Taschenbuch Verlag* Katalog.
Welcher Einband paßt zu welcher Beschreibung?
Welches Umweltthema behandelt jedes Buch?

**1** **NEU** Zuerst ist Oliver nicht begeistert, daß er jeden Tag in das Naturschutzzentrum im Grünewald fahren muß.
Doch dann zeigt ihm Ilse die Geheimnisse der Natur.
70228 / DM 6,80  Ab 10

**2** In den Ferien auf einer Nordseeinsel schließen die Zwillinge Delia und Jun Freundschaft mit einem Seehund. Zum Abenteuer wird die Rettung eines verlassenen Seehundbabys.
70083 / DM 6,80  Ab 9

**3** Bis zu dem Tag, an dem ihm Delphine das Leben retten, möchte der 12jährige Manuel Walfänger werden wie sein Vater und sein Großvater. Doch nun sieht er Wale und Delphine in einem anderen Licht...
70217 / DM 6,80  Ab 10

**4** Statt am Meer müssen Tom und Jette ihre Ferien beim Großvater in der Eifel verbringen. Dort erleben sie gleich etwas Aufregendes: ein großer Vogel hängt im Stacheldraht...
70129 / DM 6,80  Ab 9

**5** Ala muß miterleben, wie Kröten auf dem Weg zu ihren Laichgewässern auf einer stark befahrenen Straße überrollt werden. Sie will nun mithelfen, diese bedrohten Tiere zu schützen.
70109 / DM 6,80  Ab 9

**6** Ein Bilderbuch, das in stimmungsvollen Aquarellen und Texten das vielfältige Leben im und am Weiher eindrucksvoll beschreibt.
dtv junior Originalausgabe
7983 / DM 9,80 ★

**a**

Nina Rauprich

Die sanften Riesen der Meere

dtv junior

**b**

Reinhard Michl · Tilde Michels

Am Froschweiher

dtv junior

**c**

Nina Rauprich

Laßt den Uhu leben!

dtv junior

**d**

Isolde Heyne

Der Krötenkrieg von Selkenau

dtv junior

**e**

Dieuwke Winsemius

Das Findelkind vom Watt

dtv junior

**f**

Udo Schwarzer

Oliver vom Ökowerk

dtv junior

## 2 Zum Hören

Was machen diese jungen Leute für die Umwelt?

**Grammatik**

These notes are intended to be a simple guide to all the main areas of grammar that you will need to help you at Key Stage 4. Sometimes there are rules – look for them and learn them. Sometimes there are exceptions to the rules – try to spot these and remember them, too. If you are in doubt and the answer to your question is not here, ask your teacher!

## 1 Nouns

A noun names a person, animal or object. Every noun in German belongs to one of three groups – masculine, feminine or neuter. These are called genders.
The words used for *the* and *a* or *an* depend on which group the noun belongs to.

*Beispiel:*

| | | |
|---|---|---|
| *(Masculine)* | der/ein Briefträger | *the/a postman* |
| *(Feminine)* | die/eine Katze | *the/a cat* |
| *(Neuter)* | das/ein Klassenzimmer | *the/a classroom* |

All nouns in German always start with a capital letter.

In German plurals vary a lot, and it is best to learn a noun together with its gender and its plural. Note that **der**, **die** and **das** all change to **die** in the plural. Plurals are written in vocabulary lists like this: **der Hund(e)**.

## 2 Pronouns

Pronouns are used in place of a noun, words like *we*, *it*, *they* in English.

| | |
|---|---|
| *I* | ich *(written in mid-sentence with a small i )* |
| *you (informal singular)* | du |
| *he/she/it/one* | er/sie/es/man |
| *we* | wir |
| *you (informal plural)* | ihr |
| *they* | sie |
| *you (polite singular and plural)* | Sie |

Note that **sie (Sie)** can mean different things! Listen carefully to the context, to decide if it means *she, it, you,* or *they.*

In German **man** is often used. In English it can mean *one, you, they* or *we.*

*Beispiel:* Mit 18 Jahren darf man wählen.
*You can vote at 18.*

### du or Sie?

The **du** form for *you* is the familiar form and is used to talk to friends, family, children, animals and other adults well known to you. (**Ihr** is used in the same situation to talk to two or more people.)

**Sie**, also meaning *you*, is the polite form used to talk to one or more strangers, or adults, and in all formal or business situations. Once an acquaintance has been formed the more senior person may suggest in time that the **du** form be used.

## 3 Cases

### i) The nominative case

The subject of a sentence is the person or thing performing the action.

*Beispiel:* Der Hund spielt mit den Kindern.
*The dog plays with the children.*

**Der Hund** is the subject. The subject is in the nominative case. The nominative case is the one used in vocabulary lists, i.e. the forms **der**, **die** and **das** for *the*, and **ein**, **eine**, **ein** for *a* or *an*.

### ii) The accusative case

The object of the sentence is the person or thing receiving the action of the verb. The object is normally in the accusative case.

*Beispiel:* Der Hund frißt das Fleisch
*The dog eats the meat.*

**Das Fleisch** is the object – that is what is being eaten. In the accusative case, **der**, **die** and **das**, and **ein**, **eine**, **ein** change as follows:

| | Nominative | Accusative |
|---|---|---|
| *Masculine* | der | **den** |
| *Feminine* | die | die |
| *Neuter* | das | das |
| *Plural* | die | die |
| *Masculine* | ein | **einen** |
| *Feminine* | eine | eine |
| *Neuter* | ein | ein |

Note that the only change is for the masculine gender.

The accusative case is also used after certain prepositions (see notes **5i** and **5iii**) and after **es gibt**.

*Beispiel:* Es gibt **einen** Bahnhof, eine Kirche und ein Kino in meiner Stadt.
*There is a station, a church and a cinema in my town.*

### iii) The dative case

The dative case is used to express the idea of *to or for someone or something.* Once again **der**, **die** and **das**, and **ein**, **eine**, **ein** change:

|  | Nominative | Dative |
|---|---|---|
| Masculine | der | **dem** |
| Feminine | die | **der** |
| Neuter | das | **dem** |
| Plural | die | **den** + *extra* **-n** *added to noun* |
| Masculine | ein | einem |
| Feminine | eine | einer |
| Neuter | ein | einem |

*Beispiel:* Er gibt **dem** Hund das Fleisch.
*He gives the meat **to the dog**.*

The dative case is also used after certain prepositions (see notes **5ii** and **5iii**).

#### iv) The genitive case

The genitive case is used to express the idea *of or belonging to someone or something*. You probably won't need to use it yourself, but it will help you if you understand it when others use it. Again **der**, **die** and **das**, and **ein**, **eine**, **ein** change. This time as follows:

|  | Nominative | Genitive |
|---|---|---|
| Masculine | der | **des** |
| Feminine | die | **der** |
| Neuter | das | **des** |
| Plural | die | **der** |
| Masculine | ein | **eines** |
| Feminine | eine | **einer** |
| Neuter | ein | **eines** |

*Beispiel:* Der Hut **der** Frau ist gelb.
*The woman's hat is yellow.*

Masculine and neuter nouns also add an extra –(e)s in the genitive.

*Beispiel:* Der Hut **des** Mann**es** ist braun.
*The man's hat is brown.*

The genitive case is also used with some prepositions.

### 4  Adjectives

i) An adjective describes a noun. When the adjective is at the end of the sentence in German there is no ending on the adjective.

*Beispiel:* Das Haus ist **groß**.  *The house is big.*

But if the adjective comes before the noun, it adds an ending.

*Beispiel:* ein groß**es** Haus  *a big house*

The pattern of adjective endings is quite complicated. Sometimes even German speakers get them wrong!

These tables show the way that **der**, **die** and **das** and **ein**, **eine** and **ein** change along with their adjective endings, according to which case they are in.

|  | Nominative | Accusative |
|---|---|---|
| M | der alte Mann | den alten Mann |
| F | die kleine Frau | die kleine Frau |
| N | das große Haus | das große Haus |
| Pl | die neuen Schuhe | die neuen Schuhe |
| M | ein alter Mann | einen alten Mann |
| F | eine kleine Frau | eine kleine Frau |
| N | ein großes Haus | ein großes Haus |
| Pl | neue Schuhe | neue Schuhe |

|  | Dative | Genitive |
|---|---|---|
| M | dem alten Mann | des alten Mannes |
| F | der kleinen Frau | der kleinen Frau |
| N | dem großen Haus | des großen Hauses |
| Pl | den neuen Schuhen | der neuen Schuhe |
| M | einem alten Mann | eines alten Mannes |
| F | einer kleinen Frau | einer kleinen Frau |
| N | einem großen Haus | eines großen Hauses |
| Pl | neuen Schuhen | neuer Schuhe |

#### ii) Making comparisons

This table shows how adjectives change to form the comparative and the superlative, (e.g. *big, bigger, biggest*).

|  | Adjective | Comparative | Superlative |
|---|---|---|---|
|  | alt | älter | am ältesten |
|  | klein | kleiner | am kleinsten |
|  | schnell | schneller | am schnellsten |
|  | schön | schöner | am schönsten |
| *But note:* | gut | besser | am besten |

Note also how some vowels take an extra umlaut in the comparative and superlative forms.

When used as an adjective before a noun, comparatives and superlatives continue to add on the appropriate adjectival endings.

### 5  Prepositions

A preposition tells us where a person or object is positioned i.e. words like *on, in, above, next to*. In German they are always followed by either the accusative, dative or genitive cases.

#### i) Prepositions which are always followed by the accusative case:

| durch | through |
|---|---|
| für | for |
| gegen | against |
| ohne | without |
| um | around |

*Beispiel:* Das ist ein Geschenk **für meinen** Bruder.
*That's a present for my brother.*

Das Geschäft ist **um die** Ecke.
*The shop is around the corner.*

## ii) Prepositions which are always followed by the dative case:

| | |
|---|---|
| aus | out of, from |
| bei | at ___'s house |
| gegenüber | opposite |
| mit | with |
| nach | after, to |
| seit | since |
| von | from, of |
| zu | to |

*Beispiel:* Sie kommt **aus der** Schweiz.
*She comes from Switzerland.*

Gehen wir **zum** Bahnhof?
*Are we going to the station?*

Der Engländer wohnt **bei mir**.
*The Englishman is staying at my house.*

Note these shortened or contracted forms:

| | | | |
|---|---|---|---|
| zu dem | ➜ zum | bei dem | ➜ beim |
| zu der | ➜ zur | von dem | ➜ vom |

## iii) Prepositions which are sometimes followed by the dative and sometimes by the accusative case:

When followed by the dative these prepositions tell us where something is. When followed by the accusative they indicate movement.

| Preposition | Meaning(s) with dative | Meaning(s) with accusative |
|---|---|---|
| an | at, on | up to, over to, onto |
| auf | on | onto |
| in | in | into |
| hinter | behind | (go) behind |
| neben | near, next to | (go) beside, next to |
| über | above, over | (go) over, across |
| unter | under | (go) under |
| vor | in front of | (go) before |
| zwischen | between | (go) between |

*Beispiel:* Anna sitzt **im** Kino.
*Anna is sitting in the cinema.*

Jens geht **ins** Kino.
*Jens is going into the cinema.*

Die Katze schläft **auf dem** Stuhl.
*The cat is sleeping on the chair.*

Die Maus springt **auf den** Stuhl.
*The mouse jumps onto the chair.*

Note these shortened forms:

| | | | |
|---|---|---|---|
| an dem | ➜ am | in dem | ➜ im |
| an das | ➜ ans | in das | ➜ ins |

## 6 Verbs

A verb is an action word e.g. **spielen**, **schlagen**, **kochen**. The tense of the verb tells us when the action takes place.

*Beispiel:* Er **spielt** Tennis. *(Present tense)*
*He plays tennis./He is playing tennis.*

Er **wird** Tennis **spielen**. *(Future tense)*
*He will play tennis.*

Er **hat** Tennis **gespielt**. *(Perfect tense)*
*He has played tennis.*

If you look for a verb in a vocabulary list or dictionary, it will be given in a form called the *infinitive*.
In English this means *to do*, *to see*, etc. In German the infinitive form always ends in –n or –en, e.g. **spielen** (*to play*), **sein** (*to be*).

## i) The present tense

The present tense describes what someone is doing at the moment or does habitually (e.g. every day).

*Beispiel:* Was macht Jutta im Moment?
*What's Jutta doing at the moment?*

Sie spielt im Park.
*She is playing in the park.*

Was machst du abends?
*What do you do in the evenings?*

Normalerweise mache ich meine Hausaufgaben.
*I normally do my homework.*

## a) Regular verbs

The usual pattern of the present tense is as follows:

| *Infinitive:* **spielen** (*to play*) | |
|---|---|
| ich | spiele |
| du | spielst |
| er/sie/es/man | spielt |
| wir | spielen |
| ihr | spielt |
| sie | spielen |
| Sie | spielen |

Verbs following this pattern are called *regular* verbs.

## b) Irregular verbs

Verbs which do not follow this pattern exactly are called *irregular* verbs. In the present tense irregular verbs make changes in the **du** and **er/sie/es/man** form as follows:

*Beispiel:*

| **fahren** | **laufen** |
|---|---|
| *to go, drive* | *to run* |
| ich fahre | ich laufe |
| du fährst | du läufst |
| sie fährt | er läuft |
| **a → ä** | **au → äu** |

| **sehen** | **geben** |
|---|---|
| *to see* | *to give* |
| ich sehe | ich gebe |
| du siehst | du gibst |
| sie sieht | es gibt |
| **e → ie** | **e → i** |

A list of the most common irregular verbs is given on page 157.

## c) Haben and sein

Two very important irregular verbs which you need to know are **haben** *(to have)* and **sein** *(to be)*. Here are their present tense forms:

|  | **haben** | **sein** |
|---|---|---|
| ich | habe | bin |
| du | hast | bist |
| er/sie/es/man | hat | ist |
| wir | haben | sind |
| ihr | habt | seid |
| sie | haben | sind |
| Sie | haben | sind |

## d) Modal verbs

This is the name given to a group of six verbs which can be added into a sentence to tell us more about other verbs. They are all irregular. Here are the present tense forms of the modal verbs:

|  | **dürfen** | **können** | **mögen** |
|---|---|---|---|
|  | *allowed to* | *can* | *like* |
| ich | darf | kann | mag |
| du | darfst | kannst | magst |
| er/sie/es/man | darf | kann | mag |
| wir | dürfen | können | mögen |
| ihr | dürft | könnt | mögt |
| sie | dürfen | können | mögen |
| Sie | dürfen | können | mögen |

|  | **müssen** | **sollen** | **wollen** |
|---|---|---|---|
|  | *must* | *should* | *want to* |
| ich | muß | soll | will |
| du | mußt | sollst | willst |
| er/sie/es/man | muß | soll | will |
| wir | müssen | sollen | wollen |
| ihr | müßt | sollt | wollt |
| sie | müssen | sollen | wollen |
| Sie | müssen | sollen | wollen |

The modal verb leads to a second verb at the end of the sentence, which is in the infinitive.

*Beispiel:* Ich **muß** am Dienstag **arbeiten**.
*modal verb* — *2nd verb in the infinitive.*

## e) Separable verbs

Separable verbs are often shown in dictionaries like this: **ab/fahren, an/kommen, auf/stehen**, etc.

In the present tense the first part, or prefix, (**ab, an, ein, auf**, etc.) separates and goes to the end of the sentence or clause.

*Beispiel:* Der Zug **fährt** um 10 Uhr **ab**.
*The train departs at 10 o'clock.*

Wann **kommt** der Zug in Frankfurt **an**?
*When does the train arrive in Frankfurt?*

If a modal verb is used in the same sentence, a separable verb joins back together at the end of the sentence:

*Beispiel:* Ich muß so früh **auf**stehen!
*I have to get up so early!*

## f) Reflexive verbs

Reflexive verbs are used to give the idea of *myself, yourself, him/herself* etc. You need to use an extra *reflexive* pronoun – **mich, dich**, etc. with these verbs.

In a word list, the infinitive of a reflexive verb always has **sich** before it.
Common reflexive verbs include:

| sich anziehen | *to get dressed* |
|---|---|
| sich duschen | *to shower* |
| sich freuen | *to be pleased* |
| sich setzen | *to sit down* |
| sich waschen | *to get washed* |

In the present tense, the reflexive forms are as follows:

| | |
|---|---|
| ich wasche mich | *I wash myself* |
| du wäschst dich | *you wash yourself* |
| er/sie/es/man | *he/she/it/one washes* |
|    wäscht sich | *him/her/it/oneself* |
| wir waschen uns | *we wash ourselves* |
| ihr wascht euch | *you wash yourselves* |
| sie waschen sich | *they wash themselves* |
| Sie waschen sich | *you wash yourself/* |
| | *yourselves* |

## ii) The future tense

The future tense describes what someone will do or is going to do. There are two ways in German of talking about the future.

**a)** We can use the present tense with an expression of time telling us when something is going to happen.

*Beispiel:*   Ich fahre **morgen** nach Bonn.
        *I'm going to Bonn tomorrow.*

**b)** The true future tense is formed by using part of the verb **werden**, plus an infinitive which goes at the end of the sentence.

| part of **werden** | rest of sentence | Infinitive at end |
|---|---|---|
| ich werde du wirst er/sie/es/man wird | morgen nach Bonn | fahren |
| wir werden ihr werdet | nächste Woche ins Kino | gehen |
| Sie werden Sie werden | diesen Sommer nach Portugal | fliegen |

*Beispiel:*   Ich **werde** morgen nach Bonn **fahren**.
        *I will go to Bonn tomorrow.*

## iii) The perfect tense

The perfect tense is used to describe events which have happened in the past. In particular it is used in speech, or when writing letters about things which have happened.

There are two parts to the perfect tense – the auxiliary verb, which is always a part of either **haben** or **sein**, and the past participle of a verb, which goes to the end of the sentence.

**a) Regular verbs**
Most verbs form the perfect tense with **haben**.
To make the past participle of a regular verb add **ge–** to the **er/sie/es** part of the present tense.

*Beispiel:*   er spielt   *(er/sie/es part of present tense)*
        **ge**spielt   *(past participle)*

Here are some examples of the perfect tense in whole sentences:

| Auxiliary verb Part of **haben** | Rest of sentence | Past Participle |
|---|---|---|
| Ich habe | meine Hausaufgaben | gemacht. |
| Sie haben | den ganzen Tag | gearbeitet. |

*Beispiel:*   Ich habe meine Hausaufgaben gemacht.
        *I've done my homework.*

Some verbs, usually verbs of movement or travel, form the perfect tense with the auxiliary verb **sein**.

| Auxiliary verb Part of **Sein** | Rest of sentence | Past Participle |
|---|---|---|
| Sie ist | nach Bremen | gefahren. |
| Sind Sie | schon einmal | geritten? |

*Beispiel:*   Sie ist nach Bremen gefahren.
        *She has travelled to Bremen.*

**b) Irregular verbs**
A list of irregular past participles is shown on page 157. These should be learnt by heart.

**Notes**
Some verbs drop the **ge–** altogether from the past participle.

*Beispiel:*   Michael hat ein Hotelzimmer **reserviert**.
        *Michael has reserved a hotel room.*

Separable verbs, when they form the past participle at the end of the sentence, close up again with **ge** in the middle.

*Beispiel:*   Der Zug **ist** um 10 Uhr **abgefahren**.
        *The train left at 10 o'clock.*

        Ich **habe** den Hund **ausgeführt**.
        *I have taken the dog out.*

With reflexive verbs, the reflexive pronoun (**mich, dich**, etc.) stays as close as possible to the auxiliary verb.

*Beispiel:*   Ich **habe mich** nach dem Hockeyspiel **geduscht**.
        *I showered after the hockey match.*

        Wir **haben uns** über die Nachrichten sehr **gefreut**.
        *We were very pleased to hear the news.*

**iv) The imperfect tense**

The imperfect tense is also used to describe events in the past, in particular to relate a story or a past event. Written accounts, stories and reports are usually in the imperfect tense.

**a)** Some very common verbs are nearly always used in the imperfect instead of the perfect tense. These are **haben**, **sein**, **werden** and the modal verbs.
You can find the imperfect forms in the verb table on page 157.

*Beispiel:*  Wir mußten gehen.
*We had to go.*

Ich hatte Angst.
*I was afraid.*

Man konnte es kaum sehen.
*One could hardly see it.*

**b) Regular verbs**

The imperfect tense is formed as follows:
Add the following endings to the **er/sie/es** present tense form of the verb:

*Beispiel:*  *Present tense:* er **spielt**

| | |
|---|---|
| ich spiel**te** | *I played* |
| du spiel**test** | *you played* |
| er/sie/es/man spiel**te** | *he/she/it/one played* |
| wir spiel**ten** | *we played* |
| ihr spiel**tet** | *you played* |
| sie spiel**ten** | *they played* |
| Sie spiel**ten** | *you played* |

**c) Irregular verbs**

Find the imperfect stem of the verb by looking at the table on page 157.

*Beispiel:*  gehen – **ging**.

Then add the following endings:

| | |
|---|---|
| ich **ging** | *I went* |
| du **gingst** | *you went* |
| er/sie/es/man **ging** | *he/she/it/one went* |
| wir **gingen** | *we went* |
| ihr **gingt** | *you went* |
| sie **gingen** | *they went* |
| Sie **gingen** | *you went* |

**v) The conditional tense**

The conditional is used to say what you would do, if ...

*Beispiel:*  Wenn ich reich wäre, würde ich nach Amerika fahren.
*If I were rich, I would travel to America.*

Wenn ich zehntausend Mark hätte, würde ich eine Weltreise machen.
*If I had ten thousand marks, I would go on a world trip.*

Form the conditional as follows:

Wenn ich ... wäre, würde ich ...+ *infinitive at the end.*
*If I were ... I would ...*

Wenn ich ... hätte, würde ich ...+ *infinitive at the end.*
*If I had ... I would ...*

Other uses of the conditional that you need to recognize include:

Ich möchte ein Kilo Äpfel.
*I'd like a kilo of apples.*

Könntest du den Tisch decken, bitte.
*Could you lay the table, please.*

Wir sollten meine Oma besuchen.
*We should (ought to) visit my granny.*

Würden Sie bitte das Fenster zumachen.
*Would you please close the window.*

**vi) Negatives**

**a)** The word **nicht** is usually used to express *not*.

*Beispiel:*  Ich gehe **nicht**.  *I'm not going.*
Er ist **nicht** jung.  *He is not young.*

**b)** The word **kein(e)** is used with nouns to express the idea *no, not a, not any*. **Kein(e)** follows the pattern of **ein(e)**.

*Beispiel:*  Das ist **kein** Hund. Das ist **ein** Fuchs!
*That's no dog. That's a fox!*

Ich habe **keinen** Bruder, aber ich habe **eine** Schwester.
*I haven't got a brother, but I have got a sister.*

To avoid confusion, remember:
**nicht + ein(e) = kein(e)!**

**c)** The word **nichts** means *nothing*.

*Beispiel:*  Ich habe heute **nichts** gekauft.
*I haven't bought anything today.*

Ich habe **nichts** dagegen.
*I have nothing against it.*

## 7 Word order

There are various rules governing the order of words in a sentence in German.

**i)** The verb is usually the second *idea* in the sentence or clause. Sometimes it is the actual second word, but not always.

*Beispiel:*
    [1]    [2]
Ich  heiße Martin.
*I am called Martin.*

        [1]     [2]
Der Zug fährt um 8 Uhr ab.
*The train departs at 8 o'clock.*

        [1]     [2]
Morgen gehe ich einkaufen.
*I'm going shopping tomorrow.*

In the last example the **ich** is pushed forwards in the sentence so that **gehe** is still the second idea. This sounds curious to English speakers, but is necessary in German.

**ii)** The following five words can be used to join sentences without changing the word order :
**und, oder, aber, denn, sondern.**

*Beispiel:*    Es schneit, **aber** es ist schön
                *It's snowing, but the weather is nice.*

**iii)** Some words send the verb to the end of the sentence or clause. The most common ones are:

| als | when | während | while |
|-----|------|---------|-------|
| bis | until | weil | because |
| daß | that | wenn | when/if |
| ob | whether | wo | where |
| obwohl | although | | |

*Beispiel:*    Er sagt, **daß** er krank ist.
                *He says that he is ill.*

                **Wenn** es regnet, fahre ich mit dem Bus zur Schule.
                *When it is raining I go to school by bus.*

**iv) um ... zu**
This expresses *in order to*. The infinitive is used with **zu** and goes to the end of the sentence.

*Beispiel:*    Ich ging zum Krankenhaus, **um** meine Oma **zu** besuchen.
                *I went to the hospital to visit my granny.*

**v) Time, manner, place**
In sentences with several elements in them, the order they follow is as follows:

Ich bin um 10 Uhr *(time)* mit dem Zug *(manner)* nach München *(place)* gefahren.

**vi)** As has already been mentioned in sections **6id, 6ie, 6ii, 6iii** and **6v**, when more than one verb, or a verb in two parts is used, the second part goes to the end of the sentence.

**a)** If a modal verb is used, the main verb in the infinitive goes to the end (**6id**).

**b)** With separable verbs, the prefix separates and goes to the end of the sentence (**6ie**).

**c)** In the future tense, the relevant part of **werden** is the second idea, and the main verb in the infinitive is at the end of the sentence (**6iib**).

**d)** In the perfect tense, the past participle goes to the end because the auxiliary verb counts as the second idea in the sentence (**6iii**).

**e)** Similarly in the conditional tense, the verb in the conditional is the second idea, and the main verb is in the infinitive at the end of the sentence (**6v**).

**vii)** When making **ja/nein** response questions (questions without a question word), the verb comes first in the sentence.

*Beispiel:*  **Kommst** du mit?  *Are you coming?*

## 8 Question forms

**i)** To form questions requiring a *ja/nein* answer, simply put the verb at the beginning of the sentence.

*Beispiel:*  *Spielst* du Tennis?  *Do you play tennis?*

**ii)** To form questions requiring more information in the answer, use the following question words at the beginning of the sentence followed by the verb:

| Wann? | When? |
|-------|-------|
| Warum? | Why? |
| Was? | What? |
| Was für? | What kind of? |
| Welche/r/s? | Which? |
| Wer? | Who? |
| Wie? | How? |
| Wie lange? | How long? |
| Wieviel? | How much/many? |
| Wo? | Where? |

*Beispiel:*    Wann beginnt der Film?
              *When does the film begin?*

## 9 Wann, wenn, als

These three words all mean *when* but are used in different ways.

**i) Wann** is a question word.

*Beispiel:* Wann gehst du zur Schule?
*When are you going to school?*

**ii) Wenn** is not used in questions, only in statements, and means *when, whenever* and *if*.

*Beispiel:* Wenn es schön ist, fahre ich Rad.
*When (Whenever) it's fine I go cycling.*

**iii) Als** is the word used for *when* in sentences using the past tense.

*Beispiel:* Als ich nach Hause kam, war er krank.
*When I came home, he was ill.*

## 10 Expressing likes, dislikes and preferences

Ich spiele **gern** Federball.
*I **like** playing badminton.*

Ich schwimme **nicht gern**.
*I **don't like** swimming.*

Ich esse **lieber** in einem Restaurant.
*I **prefer** eating in a restaurant.*

# Table of irregular verbs

This verb table shows the most common irregular verbs.
Compound verbs are not shown. For example **abfahren** is not shown, but **fahren** is.
Past participles marked with an * use **sein**. All the rest use **haben**.

| Infinitive | Irregular Present | Imperfect | Perfect |
|---|---|---|---|
| beginnen | | begann | begonnen |
| bieten | | bot | geboten |
| bitten | | bat | gebeten |
| bleiben | | blieb | geblieben* |
| brechen | bricht | brach | gebrochen |
| bringen | | brachte | gebracht |
| denken | | dachte | gedacht |
| dürfen | darf | durfte | gedurft |
| empfehlen | empfiehlt | empfahl | empfohlen |
| essen | ißt | aß | gegessen |
| fahren | fährt | fuhr | gefahren* |
| fallen | fällt | fiel | gefallen* |
| fangen | fängt | fing | gefangen |
| finden | | fand | gefunden |
| fliegen | | flog | geflogen* |
| geben | gibt | gab | gegeben |
| gehen | | ging | gegangen* |
| geschehen | geschieht | geschah | geschehen* |
| gewinnen | | gewann | gewonnen |
| haben | hat | hatte | gehabt |
| halten | hält | hielt | gehalten |
| heißen | | hieß | geheißen |
| helfen | hilft | half | geholfen |
| kennen | | kannte | gekannt |
| kommen | | kam | gekommen* |
| können | kann | konnte | gekonnt |
| lassen | läßt | ließ | gelassen |
| laufen | läuft | lief | gelaufen* |
| leihen | | lieh | geliehen |
| lesen | liest | las | gelesen |
| liegen | | lag | gelegen |
| mögen | mag | mochte | gemocht |
| müssen | muß | mußte | gemußt |
| nehmen | nimmt | nahm | genommen |
| nennen | | nannte | genannt |
| reiten | | ritt | geritten* |
| rufen | | rief | gerufen |
| scheinen | | schien | geschienen, gescheint |
| schlafen | schläft | schlief | geschlafen |
| schlagen | schlägt | schlug | geschlagen |
| schließen | | schloß | geschlossen |
| schneiden | | schnitt | geschnitten |
| schreiben | | schrieb | geschrieben |
| sehen | sieht | sah | gesehen |
| sein | ist | war | gewesen* |
| sitzen | | saß | gesessen |
| sollen | soll | sollte | gesollt, sollen |
| sprechen | spricht | sprach | gesprochen |
| stehen | | stand | gestanden |
| stehlen | stiehlt | stahl | gestohlen |
| steigen | | stieg | gestiegen* |
| sterben | stirbt | starb | gestorben* |
| tragen | trägt | trug | getragen |
| treffen | trifft | traf | getroffen |
| treiben | | trieb | getrieben |
| treten | tritt | trat | getreten* |
| trinken | | trank | getrunken |
| tun | | tat | getan |
| vergessen | vergißt | vergaß | vergessen |
| verlieren | | verlor | verloren |
| verschwinden | | verschwand | verschwunden* |
| waschen | wäscht | wusch | gewaschen |
| werden | wird | wurde | geworden* |
| werfen | wirft | warf | geworfen |
| wissen | weiß | wußte | gewußt |
| ziehen | | zog | gezogen |

Vocabulary appears in this index in alphabetical order. Nouns are given with their gender (**der, die, das**) and their plural form, where useful, in brackets afterwards. Words for different jobs and professions are given in their masculine form. Verbs appear in the infinitive form. * denotes an irregular verb, and a list of irregular verbs also appears on page 157. # denotes a verb which takes **sein** in the perfect tense. The prefixes of separable verbs are printed in bold type.

**A**

**ab**brennen*# *to burn down*
das Abendbrot (–e) *supper*
das Abendkleid (–er) *evening dress*
das Abenteuer* *adventure*
**ab**fahren*# *to depart*
das Abgas (–e) *exhaust*
abgemacht! *agreed!*
das Abitur (–e) *equivalent to 'A' level*
**ab**legen *to take off, remove*
der Abschleppwagen (–) *breakdown truck*
**ab**schließen* *to lock up*
**ab**schreiben* *to copy*
**ab**spülen *to wash up*
**ab**trocknen *to dry up*
**ab**waschen* *to wash up*
**ab**weisen* *to refuse, turn down*
die Ahnung (–en) *idea*
die Akte (–n) *file*
die Aktion *campaign*
das All *space*
als *when; than*
alt *old*
altmodisch *old-fashioned*
die Ampel (–n) *traffic light*
sich amüsieren *to amuse oneself*
an *at, on, up to, over to, onto*
die Ananas (-se) *pineapple*
**an**fangen* *to begin*
die Angabe (–n) *instruction, detail*
der Anhänger (–) *trailer*
**an**kreuzen *to cross, tick*
**an**probieren *to try on*
der Anruf (–e) *telephone call*
**an**schauen *to look at*
das Anschlagbrett (–er) *noticeboard*
der Anschluß ("–sse) *connection*
anspruchsvoll *demanding*
die Antiquität (–en) *antique*
der Antrag ("–e) *application*
die Antwort (-en) *answer*
der Antwortschein (–e) *reply coupon*
die Anzeige (–n) *advertisement*
**an**ziehen* *to put on*
sich **an**ziehen* *to get dressed*
der Anzug ("-e) *suit*
die Apfeltasche (–n) *apple pie*
die Apotheke (–n) *dispensing chemist's*
der Arbeitsbogen (") *worksheet*
der Arbeitsplatz ("-e) *work place, job*
das Arbeitspraktikum (–praktika) *work experience*
ärgerlich *annoying*
der Arm (–e) *arm*
arm *poor*
die Armbanduhr (–en) *watch*
der Arzt ("-e) *doctor*

die Atomkraft *nuclear energy*
auf *on, onto*
aufgerubbelt *rubbed sore*
**auf**räumen *to clear up*
**auf**stehen*# *to get up*
**auf**treten*# *to appear*
die Aufwärmung *warming*
das Auge (–n) *eye*
der Augenarzt ("-e) *optician*
die Ausbildung (–en) *education*
der Ausblick (–e) *view*
ausführlich *in detail*
**aus**geben* *to spend*
**aus**halten* *to put up with*
die Auskunft ("-e) *information desk*
**aus**lachen *to laugh at*
das Ausland *abroad*
**aus**leihen* *to lend*
die Ausrede (–n) *excuse*
ausreichend *adequate, sufficient*
die Ausstellung (–en) *exhibition*
**aus**steuern *to control*
**aus**tragen* *to deliver*
die Auswahl *choice, selection*
**aus**ziehen*# *to move out*
**Auto**fahren*# *to drive a car*
außerhalb *outside of*

**B**

die Bäckerei (–en) *baker's*
das Badezimmer (–) *bathroom*
der Bahnhof ("-e) *railway station*
der Balkon (–s) *balcony*
der Bär (–en) *bear*
basteln *to do handicrafts*
die Batterie (–n) *battery*
der Bauch ("-e) *stomach*
bauen *to build*
der Bauer (–n) *farmer*
die Bedienung (–en) *service*
sich beeilen *to hurry*
sich befinden* *to be situated*
begießen* *to water*
behindert *disabled*
das Bein (–e) *leg*
bekommen* *to receive*
sich belaufen* *to run to, consist of*
bellen *to bark*
beobachten *to watch, observe*
bequem *comfortable*
berechtigt *entitled*
**berg**steigen*# *to mountaineer*
der Bericht (–e) *report*
der Berufsberater (–) *careers adviser*
beschließen* *to decide*
die Beschreibung (–en) *description*
die Beschwerde (-n) *complaint*

der Besitzer (–) *owner*
besonders *especially*
besprechen* *to discuss*
die Bestätigung (–en) *confirmation*
das Besteck (–e) *cutlery*
bestellen *to order*
besuchen *to visit*
betreuen *to look after*
der Betrieb (–e) *company*
die Bettwäsche *bed linen*
die Beute *booty*
die Bewegung (–en) *movement*
die Bewerbung (–en) *application*
die Bewerbungsunterlagen *application forms*
der Bewohner (–) *occupant*
die Bezahlung (–en) *payment*
die Bibliothek (–en) *library*
die Bildgeschichte (–n) *picture story*
der Bildschirm (–e) *screen*
billig *cheap*
bis *until*
das Blatt ("-er) *leaf*
bleiben*# *to stay*
blöd *stupid*
die Blume (–n) *flower*
der Blumenkohl (–e) *cauliflower*
die Bluse(–n) *blouse*
borgen *to lend; borrow*
die Börse (–n) *stock exchange*
böse *angry*
der Bote (–n) *messenger*
boxen *to box*
die Brandwunde (–n) *burn*
brauchen *to need*
brauen *to brew*
brechen* *to break*
der Brei *goo, porridge*
der Brieffreund (–e) *penfriend*
der Briefträger (–) *postman*
die Brille (–n) *spectacles*
die Broschüre (–n) *brochure*
die Brücke (–n) *bridge*
buchen *to book*
bügeln *to iron*
bunt *colourful*
das Büro (–s) *office*
die Bushaltestelle (–n) *busstop*

**C**

der Chip (–s) *crisp*

**D**

dagegen sein *to be against something*
die Damenabteilung (–en) *ladies' wear department*

dann *then*
die Datenbank (–en) *data base*
dazwischen *in between*
daß *that*
denken (an)* *to think (of)*
denn *then*
deswegen *therefore*
dick *fat*
der Dom (–e) *cathedral*
das Dorf (¨–er) *village*
die Dose (–n) *tin, can*
der Draht (¨–e) *wire, line*
dringend *urgently*
dumm *stupid*
dunkel *dark*
der Durchfall *diarrhoea*
**durch**fallen* *to fail an exam*
dürfen* *to be allowed to*
sich duschen *to shower*
der Düsenflieger (–) *jet fighter*
duzen *to use the du form*

**E**

das Ei (–er) *egg*
die Eiche (–n) *oak tree*
die Eigenschaft (–en) *characteristic*
eigentlich *actually*
der Eindruck (¨–e) *impression*
die Einführung (–en) *introduction*
der Eingang (¨–e) *entrance*
die Einheit (–en) *unity*
**ein**kaufen *to go shopping*
das Einkaufszentrum (–zentren) *shopping centre*
die Einladung (–en) *invitation*
**ein**ordnen *to put in order*
**ein**schlafen*# *to fall asleep*
**ein**sperren *to lock in*
der Eintritt (–e) *entrance*
die Eintrittskarte (–n) *entrance ticket*
die Einwegflasche (–n) *disposable bottle*
der Einzelfahrschein (–e) *single ticket*
das Einzelzimmer (–) *single room*
**ein**ziehen*# *to move in*
der Elefant (–en) *elephant*
die Eltern *parents*
der Empfang *reception*
empfehlen* *to recommend*
eng *narrow, tight*
der Engel (–) *angel*
entlang *along*
entwerfen* *to design*
die Entwicklung (–en) *development*
entzwei *in two*
die Erbse (–n) *pea*
die Erdbeertorte (–n) *strawberry tart*
das Erdgeschoß *ground floor*
erfinden* *to invent*
erklären *to explain*
die Erklärung (–en) *explanation*
erlauben *to allow*
die Erlaubnis *permission*
erscheinen*# *to appear*
erstatten *to refund*
der Erwachsene (–n) *adult*
erwarten *to expect*
erzählen *to tell*
essen* *to eat*
das Eßzimmer (–) *dining room*

**F**

die Fabrik (–en) *factory*
der Fachhändler (–) *specialist shop*
die Fähigkeit (–en) *ability*
die Fahrkarte (–n) *ticket*
der Fahrstuhl (¨–e) *lift*
die Fahrstunde (–n) *driving lesson*
das Fahrzeug *vehicle*
der Familienstand *marital status*
faul *lazy*
faulenzen *to be lazy*
fechten*# *to fence*
der Fehler (–) *mistake*
die Feindseligkeit (–en) *hostility*
die Ferien *holiday*
**fern**sehen* *to watch television*
das Fernsehen *television*
der Fernseher (–) *television set*
der Fernsehturm (¨–e) *television tower*
die Fertigungsstraße (–n) *production line*
das Feuerwerk *fireworks*
das Feuerzeug (–e) *lighter*
die Firma (Firmen) *firm*
der Fisch (–e) *fish*
Fische *Pisces*
fischen *to fish*
fleißig *hard-working*
fliegen*# *to fly*
die Fliegerstaffel (–n) *jet squadron*
das Flugblatt (¨–er) *leaflet*
der Flur (–e) *hall*
der Fluß (Flüsse) *river*
die Forelle (–n) *trout*
der Fotoladen (¨) *photographic shop*
frech *cheeky*
das Freibad (¨–er) *outdoor pool*
freigebig *generous*
die Freiheit (–en) *freedom*
das Fremdwort (¨–er) *foreign word*
die Freude *joy, pleasure*
sich freuen *to be pleased*
freundlich *friendly*
frisch *fresh*
der Friseursalon *hairdresser's*
fröhlich *happy*
fromm *pious*
das Frühstück (–e) *breakfast*
führen *to lead, conduct*
fummeln *to fumble*
für *for*
der Futter (-) *animal food*
füttern *to feed (an animal)*
der Fuß (¨–e) *foot*
die Fußgängerzone (–n) *pedestrian zone*

**G**

die Galmeilotion (–en) *calamine lotion*
die Garderobe (–n) *wardrobe*
die Gaststätte (–n) *pub*
das Gebäude (–) *building*
geben* *to give*
der Gebrauch *usage*
gebrochen *broken*
der Geburtstag (–e) *birthday*
geduldig *patient*
gefährden *to endanger*
gefährlich *dangerous*
gefallen* *to please*
das Gefühl (–e) *feeling*
gegen *against*

die Gegend (–en) *area*
der Gegenstand (¨–e) *object*
die Gegenwart *present time*
das Gehäuse (–) *case, shell*
gehören *to belong to*
gekocht *cooked, boiled*
das gekochte Ei *boiled egg*
gemein *mean, nasty*
die Gemeinschaft (–en) *community*
der Gemüseladen (¨) *greengrocer's*
gemütlich *cosy*
die Genehmigung (–en) *permission*
gerade *just*
die Gesamtschule (–n) *comprehensive school*
der Geschäftsmann (¨–er) *businessman*
die Geschäftsreise (–n) *business trip*
die Geschichte (–n) *history, story*
das Geschirr (–e) *crockery*
das Geschlecht (-er) *sex*
der Geschmack *taste*
das Gesetz (–e) *law*
das Gespräch (-e) *conversation*
gestern *yesterday*
gestreift *striped*
die Gesuche *wanted items*
gesund *healthy*
das Gewehr (–e) *rifle*
Gewicht heben* *to weight-lift*
das Gewitter (–) *thunderstorm*
das Gift (–e) *poison*
die Glatze (–n) *bald head*
gleich *equal, same*
die Gleichberechtigung (–en) *equal opportunities*
glücklich *happy, lucky*
glühen *to glow*
Griechenland *Greece*
groß *big. large*
die Großstadt (¨–e) *city*
der Grund (¨–e) *reason*
die Grundschule (–n) *primary school*
der Gruselfilm (–e) *horror film*
günstig *good value*
gut *good*
das Gymnasium (Gymnasien) *grammar school*

**H**

haben* *to have*
das Hackfleisch *mince*
der Hagel *hail*
das Hähnchen (–) *chicken*
die Hand (¨–e) *hand*
der Handwerksbetrieb (–e) *craft workshop*
hängen *to hang*
der Haupteingang (¨–e) *main entrance*
die Hausarbeit (–en) *housework*
die Hausaufgabe (–n) *homework*
der Haushalt (–e) *household*
der Haß *hate*
häßlich *ugly*
heiraten *to marry*
die Heizung *heating*
helfen* *to help*
die Hexe (–n) *witch*
hilfreich *helpful*
die Hilfskraft (¨–e) *assistant, temporary worker*
der Himmel *heaven, sky*
hinter *behind*

der Hintergrund (¨–e) *background*
historisch *historic*
hoch *high*
die Hochschule (–n) *college*
die Hochzeit (–en) *wedding*
höflich *polite*
der Holzschläger (–) *golf wood*
der Horizont (–e) *horizon*
das Horoskop (–e) *horoscope*
das Hotel (–s) *hotel*
hübsch *pretty*
der Hügel (–) *hill*
der Hut (¨–e) *hat*

**I**

immer *always*
der Ingenieur *engineer*
innerhalb *inside of*
die Insel (–n) *island*
interessant *interesting*
sich interessieren für *to be interested in*
irgendwann *sometime or other*
irgendwie *somehow or other*

**J**

die Jacke (–n) *jacket*
die Jahreszeit (–en) *season*
das Jammerbild (–er) *picture of misery*
der Jubel *celebration*
Jungfrau *Virgo*

**K**

der Käfig (–e) *cage*
die Karteikarte (–n) *file card*
der Käse (–) *cheese*
die Kasse (–n) *cash desk*
der Kasten (¨) *box*
der Katalysator *catalytic converter*
das Kaufhaus (¨–er) *department store*
kaum *hardly*
der Keks (–e) *biscuit*
der Kellner (–) *waiter*
kennen* *to know someone*
**kennen**lernen *to get to know*
die Kenntnis (–se) *knowledge*
die Kette (-n) *necklace*
der Kindergarten (¨) *nursery school*
das Kinderzimmer (–) *nursery, child's room*
das Kinn (-e) *chin*
das Kino (–s) *cinema*
die Kirche (–n) *church*
die Kiste (–n) *crate*
die Klamotten *clothes*
die Klasse (–n) *class*
klasse *great*
das Klassenfest (–e) *class party*
der Klassenkamerad (–en) *class-mate*
klauen *to steal*
die Kleidung *clothing*
klein *small*
klemmen *to stick*
klopfen *to tap, knock*
der Knabe (–n) *boy*
knacks! *crack!, snap!*
knapp *just, barely*
das Knie (–) *knee*
knuspern *to crunch*
kochen *to cook, to boil*
die Kohle (–n) *coal*
die Kokosnuß (–nüsse) *coconut*

komisch *strange, peculiar*
die Komödie (–n) *comedy*
die Konditorei (–en) *cake shop*
der König (–e) *king*
können* *to be able to*
das Konzert (–e) *concert*
der Kopf (¨–e) *head*
der Kopfsalat (–e) *lettuce*
das Kopiergerät (–e) *photocopier*
der Korb (¨–e) *basket*
die Krabbe (–n) *crab*
der Krach (¨–e) *row, trouble*
das Kraftfahrzeug (Kfz) *motor vehicle*
das Kraftwerk (–e) *power station*
das Krankenhaus (¨–er) *hospital*
die Krankenschwester (–n) *nurse*
die Krawatte (–n) *tie*
Krebs *Cancer*
die Kreide (–n) *chalk*
die Kreuzung (–en) *crossing*
das Kreuzworträtsel (–) *crossword*
der Krieg (–e) *war*
kriegen *to get*
der Krimi (–s) *detective story*
die Kriminalität *crime*
die Küche (–n) *kitchen*
der Kuchenteig (–e) *dough*
kühl *cool, cold*
das Kühlfach (¨–er) *icebox*
der Kühlschrank (¨–e) *fridge*
der Kuli (–s) *biro*
der Kummer *worry, grief*
der Kunde (–n) *customer*
der Kursivdruck *italics*
kurz *short*
die Kurzschrift (–en) *shorthand*
kurzsichtig *short-sighted*

**L**

lächeln *to smile*
der Lachs (–e) *salmon*
der Laden (¨) *shop*
das Lamm (¨–er) *lamb*
die Lampe (–n) *lamp, light*
die Landkarte (–n) *map*
die Landschaft (–en) *countryside*
langweilig *boring*
der Lastkraftwagen (Lkw) (–) *lorry, HGV*
der Laubbaum (¨–e) *deciduous tree*
die Laube (–n) *summerhouse*
laufen*# *to run*
die Laune (–n) *mood*
launisch *moody*
laut *loud*
leben *to live*
lebendig *lively*
der Lebenslauf (¨–e) *curriculum vitae*
lecker *delicious*
das Leder *leather*
legen *to lay*
der Lehrling (–e) *apprentice*
der Leuchtturmwärter (–) *lighthouse keeper*
lieb *sweet, lovely*
das Lied (–er) *song*
**liegen**bleiben*# *to leave lying*
die Linde (–n) *lime tree*
die Linie (–n) *line, route*
lockig *curly*
der Löffel (–) *spoon*
sich lohnen *to be worth it*

die Lösung (–en) *solution*
der Löwe (–n) *lion*
Löwe *Leo*
die Lücke (–n) *gap*
der Luftballon (–s) *balloon*
lustig *funny*

**M**

die Macht (¨–e) *power*
mähen *to mow*
manchmal *sometimes*
das Männchen (–) *dwarf*
die Mannschaft (–en) *team*
das Märchen (–) *fairy tale*
der Markt (¨–e) *market*
die Mauer (–n) *wall*
die Maus (¨–e) *mouse*
der Mechaniker (–) *mechanic*
die Meeresfrucht (¨–e) *seafood*
das Mehl *flour*
meinen *to think, be of the opinion*
die Meinung (–en) *opinion*
der Meister (–) *master*
die Menge (–n) *crowd, lot of*
menschlich *human*
die Messe (–n) *trade fair*
die Metzgerei (–en) *butcher's*
mieten *to hire, rent*
der Mieter (–) *tenant*
der Mitgliedsausweis (–e) *membership card*
die Mittagspause (–n) *lunch break*
die Mitte (–n) *middle, centre*
die mittlere Reife *equivalent to GCSE*
das Möbel (–) *furniture*
die Mode (–n) *fashion*
der Moderator (-en) *presenter*
modern *modern*
modisch *fashionable*
das Mofa (–s) *moped*
mögen* *to like*
müde *tired*
der Müll *rubbish, refuse*
der Müller (–) *miller*
die Mülltonne (–n) *dustbin*
der Mund (¨–er) *mouth*
murmeln *to mumble, mutter*
das Museum (Museen) *museum*
der Muskel (–n) *muscle*
müssen* *to have to*

**N**

der Nachbar (–n) *neighbour*
nachgiebig *compliant*
die Nachrichten *news*
der Nachteil (–e) *disadvantage*
der Nadelbaum (¨–e) *evergreen tree*
nähen *to sew*
die Nase (–n) *nose*
neben *near, next to, beside*
der Nebenjob (–s) *part time job*
neblig *foggy*
nett *nice*
neu *new*
neuerdings *recently*
nichts *nothing*
nie *never*
nörgeln *to nag*
die Note (–n) *mark, result*
die Nuß (Nüsse) *nut*

**O**

ob *whether*
oben *above*
das Obst *fruit*
obwohl *although*
der Ofen (¨) *oven*
öffentlich *public*
öffnen *to open*
oft *often*
das Ohr (–en) *ear*
Öko– *ecology –*
die Oma (–s) *granny*
der Operationssaal (–säle) *operating theatre*
ordentlich *tidy*
die Osterzeit *Easter time*
der Ozean (–e) *ocean*
das Ozon *ozone.*

**P**

der Papierkorb (¨–e) *wastepaper bin*
der Park (–s) *park*
der Parkplatz (¨–e) *car-park*
passen *to suit, fit*
die Pause (–n) *break*
der Personalausweis (–e) *identity card*
der Personenkraftwagen (Pkw) (–) *car*
die Pfandflasche (–n) *returnable bottle*
der Pfarrer (–) *priest, vicar*
die Pflanze (–n) *plant*
das Pflaster (–) *plaster*
das Phosphat *phosphate*
der Pickel (–) *spot*
der Pilot (–en) *pilot*
das Plakat (–e) *poster*
plaudern *to chat*
der Polizist (–en) *policeman*
Portugiesisch *Portugese*
die Post *post office*
praktisch *practical, practically*
das Produkt (–e) *product*
der Prospekt (–e) *leaflet, brochure*
pünktlich *punctual*
putzen *to polish, clean*

**Q**

sich quälen *to suffer*
die Qualifikation (–en) *qualification*

**R**

der Rabe (–n) *raven*
**rad**fahren*# *to cycle*
die Rampe (-n) *ramp*
der Rasen (–) *lawn, grass*
das Rathaus (¨–er) *town hall*
ratsch! *rip!*
rauchen *to smoke*
die Realschule (–n) *secondary modern school*
rechnen mit *to count on*
recyceln *to recycle*
das Regal (–e) *shelf*
der Regenwald (¨–er) *rain forest*
reich *rich*
reichen *to be enough; pass*
reif *mature*
der Reifen (–) *tyre*
die Reise (–n) *journey, trip*
das Reisebüro (–s) *travel agency*
reisen# *to travel*
der Reisepaß (–pässe) *passport*
die Reisetasche (–n) *travel bag*

reiten*# *to ride*
reißen* *to rip, tear*
die Reservierung (–en) *reservation*
das Rettungsboot (–e) *rescue boat*
der Rinderbraten *roast beef*
die Rinderzucht *cattle farming*
das Rindfleisch *beef*
der Rock (¨–e) *skirt*
**Rollstuhl** laufen*# *to roller skate*
der **Rollstuhl** (¨–e) *wheelchair*
röntgen *to X- ray*
die Ruhe *peace, quiet*
die Rundfahrt (–en) *guided tour*
der Rundgang (¨–e) *guided walk*
rundherum *all around*

**S**

der Säbel (–) *sword, sabre*
der Saft (¨-e) *juice*
die Salzkartoffel (–n) *boiled potato*
sammeln *to collect*
die Sammlung (–en) *collection*
sauer *sour*
schade *shame, pity*
schaffen *to create, manage*
die Schallplatte (–n) *record*
die Schande (–n) *scandal*
scharf *sharp*
der Schauer (–) *rain shower*
die Scheibe (–n) *slice*
die Scheibenhantel (–n) *dumbbell*
scheußlich *terrible*
schicken *to send*
schieben* *to push*
schießen* *to shoot*
das Schiff (–e) *ship*
der Schiffbruch (¨–e) *shipwreck*
das Schild (–er) *sign, notice*
die Schildkröte (–n) *tortoise*
schlachten *to slaughter*
schlafen* *to sleep*
der Schlafsack (¨–e) *sleeping bag*
das Schlafzimmer (–) *bedroom*
schlagen* *to hit*
der Schläger (–) *racquet*
die Schlagzeile (–n) *headline*
schlampig *scruffy*
die Schlange (–n) *snake*
schlank *slim*
schlau *clever, sly*
schlecht *bad*
der Schlips (–e) *tie*
der Schlittschuh (-e) *ice-skate*
**Schlittschuh** laufen*# *to ice-skate*
der Schlot (–e) *chimney*
das Schloß (Schlösser) *castle*
der Schluck (–e) *gulp, taste*
der Schluß (Schlüsse) *finish, end*
schmeißen* *to smash*
die Schmerzen *pain, ache*
schmutzig *dirty*
schneiden* *to cut*
schnell *fast, quick*
das Schnitzel (–) *cutlet, chop*
der Schnorchel (–) *snorkel*
der Schnurrbart (¨–e) *moustache*
die Scholle (–n) *plaice*
schön *beautiful*
der Schornstein (–e) *chimney*
schrecklich *terrible, awful*

der Schrei (–e) *cry, shout*
schreiben* *to write*
die Schreibmaschine (–n) *typewriter*
das Schreibpapier *writing paper*
der Schriftkram *writing things*
die Schule (–n) *school*
die Schülermonatskarte (–n) *pupil's season ticket*
das Schulheft (–e) *exercise book*
die Schulter (–n) *shoulder*
der Schutz *protection*
Schütze *Sagittarius*
der Schutzhelm (–e) *helmet*
schwapp! *splash!*
das Schwarze Brett *notice-board*
der Schwarzwald *the Black Forest*
das Schwefeldioxyd *sulphur dioxide*
die Schwefelsäure *sulphuric acid*
das Schweigen *silence*
das Schwein (–e) *pig*
das Schweinefleisch *pork*
schwierig *difficult*
schwül *humid, close*
der See (–n) *lake*
die See (–n) *sea*
die Seele (–n) *soul*
die Sehenswürdigkeit (–en) *place of interest*
sein*# *to be*
der Sekretär *secretary*
selbstsüchtig *egoistic*
selten *rarely*
die Sendung (–en) *progamme*
der Sessel (–) *armchair*
sich setzen *to sit down*
der Sieger (–) *victor, winner*
**sitzen**bleiben*# *to repeat a year at school*
**Ski** fahren*# *to ski*
Skorpion *Scorpio*
das Sofa (–s) *sofa*
sollen* *should, to be to*
das Sonderangebot (–e) *special offer*
der Sonnenaufgang *sunrise*
der Sonnenbrand *sunburn*
die Sonnenbrille (–n) *sun-glasses*
das Sonnenöl *sun-tan oil*
sparen *to save*
spät *late*
der Spaß *fun*
die Speisekarte (–n) *menu*
der Spiegel (–) *mirror; satellite dish*
das Spiegelei (–er) *fried egg*
das Spinnrad (¨–er) *spinning wheel*
die Spirituose (–n) *alcoholic spirit*
das Sportzentrum (–zentren) *sports centre*
die Staatsangehörigkeit (–en) *nationality*
ständig *always, constantly*
statt *instead of*
der Stau (–s) *traffic jam*
stechen* *to sting*
die Stehlampe (–n) *standard lamp*
stehlen* *to steal; creep*
Steinbock *Capricorn*
die Stelle (–n) *job, position*
sich stellen *to place oneself*
die Stellengesuche *jobs wanted*
sterben*# *to die*
das Sternzeichen (–) *star sign*
Stier *Taurus*
der Stoff (–e) *material*

der Strand ("-e) *beach*
die Straßenbahn (-en) *tram*
das Streichholz ("-er) *match*
der Streit (-e) *conflict, argument*
streng *strict*
stressig *stressful*
stricken *to knit*
die Strophe (-n) *verse*
studieren *to study*
die Stunde (-n) *hour*
der Stunk *stink, row*
der Supermarkt ("-e) *supermarket*
süß *sweet*
sympathisch *nice*
die S–Bahn (-en) *suburban railway*

**T**

das Tagebuch ("-er) *diary*
der Tagesablauf ("-e) *daily routine*
der Tankwart *petrol pump attendant*
der Tannenbaum ("-e) *fir tree*
tanzen *to dance*
das Taschengeld *pocket money*
das Telefonnetz (-e) *telephone network*
teuer *expensive*
der Teufel (-) *devil*
der Thunfisch (-e) *tuna fish*
die Tiefgarage (-n) *underground carpark*
das Tier (-e) *animal*
der Tierpark (-s) *animal park, zoo*
tippen *to type*
der Tisch (-e) *table*
der Titel (-) *title*
die Toilette (-n) *toilet*
toll *great*
die Tonne (-n) *refuse bin*
tragbar *portable*
tragen* *to carry; wear*
trampen# *to hitchhike*
traurig *sad*
sich treffen mit* *to meet with*
das Treibhaus ("-er) *greenhouse*
die Treppe (-n) *stair*
treu *true, loyal*
der Trickfilm (-e) *cartoon*
trocken *dry*
trotz *in spite of*
die Trümmer *ruins*
tschüs *bye*
tun* *to do, make*
der Turm ("-e) *tower*
turnen *to do gymnastics*
der Türrahmen (-) *door frame*
die Tüte (-n) *bag*
der Tyrann (-en) *bully*
tyrannisch *tyrannical*

**U**

über *above, over, across*
überarbeitet *overworked*
übrigens *moreover*
die Umfrage (-n) *survey*
der Umgang *contact, dealings*
umhüllen *to cover*
die Umkleidekabine (-n) *changing room*
umweltfeindlich *environmentally damaging*
umweltfreundlich *environmentally friendly*

die Umweltverschmutzung (-en) *environmental pollution*
umziehen*# *to move house*
der Umzug ("-e) *house move*
ungefähr *approximately*
ungewöhnlich *unusual*
die Universität (-en) *university*
der Unsinn *rubbish, nonsense*
unten *below*
das Untergeschoß *basement*
unterhalten *to entertain*
die Unterhaltung (-en) *entertainment*
die Unterkunft ("-e) *accommodation*
unterrichten *to teach*
unterschreiben* *to sign*
unterwegs *on the way*
der Urlaub (-e) *holiday*
die U–Bahn (-en) *underground train*

**V**

der Vegetarier (-) *vegetarian*
verantwortlich *responsible*
der Verband ("-e) *bandage*
verbieten* *to forbid*
verbinden* *to bandage*
verboten *forbidden*
verbrauchen *to use, consume*
verbrennen* *to burn*
verbringen* *to spend time*
verdienen *to earn*
vereinbaren *to agree*
vereinzelt *scattered, occasional*
die Vergangenheit *past*
vergessen* *to forget*
vergleichen* *to compare*
das Vergnügen (-) *pleasure*
der Verkauf ("-e) *(item for) sale*
verkaufen *to sell*
der Verkäufer (-) *salesman*
der Verkehr *traffic*
das Verkehrsamt ("-er) *tourist information office*
das Verkehrsmittel (-) *means of transport*
verletzt *injured*
sich verlieben in *to fall in love with*
verlieren* *to lose*
der Vermieter (-) *landlord*
vermissen *to miss*
die Vernunft *sense*
verrenken *to dislocate*
verschieden *various*
die Verschmutzung (-en) *pollution*
verschreiben* *to prescribe*
verschwinden*# *to disappear*
der Verstärker (-) *amplifier*
die Verstopfung *constipation*
verwenden *to use*
verzweifelt *despairing*
vielleicht *perhaps*
volljährig *18 years old*
vor *in front of*
die Voraussetzung (-en) *precondition*
vorbereiten *to prepare*
der Vordergrund *foreground*
vorhaben* *to intend*
der Vorhang ("-e) *curtain*
der Vorort (-e) *suburb*
die Vorstellung (-en) *presentation, performance*
der Vorteil (-e) *advantage*

**W**

Waage *Libra*
wählen *to choose, vote*
während *during*
der Wald ("-er) *forest*
wandern# *to hike*
sich waschen* *to get washed*
das Waschpulver *washing powder*
Wassermann *Aquarius*
der Weg (-e) *path*
wegen *because of*
der Wegweiser (-) *guide*
weh tun* *to hurt*
weil *because*
weinen *to cry*
der Wellensittich (-e) *budgerigar*
der Weltraum *space*
wenn *when, if*
die Werbung *advertising*
werden*# *to become*
die Werkstatt("-en) *workshop*
die Wespe (-n) *wasp*
der Wettbewerb (-e) *competition*
die Wettervorhersage (-n) *weather forecast*
Widder *Aries*
die Wiedervereinigung *reunification*
wissen* *to know (a fact)*
wittern *to scent, smell*
der Witz (-e) *joke*
wo *where*
der Wohnblock (-s) *block of flats*
die Wohnsiedlung (-en) *housing estate*
das Wohnzimmer (-) *living-room*
wollen* *to want to*
sich wünschen *to wish*
die Wüsteninsel (-n) *desert island*
wütend *angry, furious*

**Z**

der Zeh (-e) *toe*
der Zeigefinger (-) *index finger*
zeigen *to point*
Zeitschrift (-en) *magazine*
die Zeitung (-en) *newspaper*
der Zeitungskiosk (-e) *newspaper kiosk*
das Zelt (-e) *tent*
das Zentrum (Zentren) *centre*
zerbrechen* *to smash*
zerkratzen *to scratch*
zerrissen *torn*
das Zeugnis (-se) *school report*
das Ziel (-e) *aim, destination*
ziemlich *quite*
der Zoll *customs*
der Zollbeamte (-n) *customs officer*
der Zoo (-s) *zoo*
der Zucker *sugar*
zuerst *first of all*
zufällig *by chance*
zuhause *at home*
zuhören *to listen to*
die Zukunft *future*
zumachen *to close*
zusammen *together*
die Zutaten *ingredients*
zwicken *to pinch*
Zwillinge *Gemini*
zwischen *between*